广州好教育丛书·好校长系列

ZOUJIN GUANGZHOU HAOJIAOYU CONGSHU
HAOXIAOZHANG XILIE

—— 陈宏文 ◇ 著 ——

"真教育"的践行者

北京师范大学出版集团
BEIJING NORMAL UNIVERSITY PUBLISHING GROUP
北京师范大学出版社

图书在版编目(CIP)数据

"真教育"的践行者/陈宏文著. —北京:北京师范大学出版
社,2020.7

(走进广州好教育丛书. 好校长系列)

ISBN 978-7-303-25637-2

Ⅰ.①真… Ⅱ.①陈… Ⅲ.①中小学教育-文集
Ⅳ.①G63-53

中国版本图书馆 CIP 数据核字(2020)第 000851 号

营　销　中　心　电　话　010-58802135　010-58802786
北师大出版社教师教育分社微信公众号　京师教师教育

ZHENJIAOYU DE JIANXINGZHE
出版发行:北京师范大学出版社　www.bnup.com
　　　　　北京市西城区新街口外大街 12-3 号
　　　　　邮政编码:100088
印　　刷:北京玺诚印务有限公司
经　　销:全国新华书店
开　　本:710 mm×1000 mm　1/16
印　　张:13
字　　数:152 千字
版　　次:2020 年 7 月第 1 版
印　　次:2020 年 7 月第 1 次印刷
定　　价:42.00 元

策划编辑:郭　翔　　　　　责任编辑:梁宏宇　张柳然
美术编辑:李向昕　　　　　装帧设计:李向昕
责任校对:康　悦　　　　　责任印制:马　洁

总　序

一

　　《国家中长期教育改革和发展规划纲要(2010－2020年)》提出："办好每一所学校，教好每一个学生。"几年来，各地涌现出了一批好学校、好校长、好教师。总结和推广他们的经验，是推动我国教育改革和发展，提高教育质量，促进教育现代化的强大动力。广州市是我国改革开放的前沿，不仅有着深厚的文化积淀，而且在改革开放中敢为天下先，在教育领域积累了许多新经验。广州市教育局在《广州市教育事业发展第十二个五年规划》文件"办好让人民满意的教育"的要求下，决定组织编写"走进广州好教育丛书"，实在是适逢其时。这是对广州市多年来教育改革创新的一次总结，也是对广州市今后教育改革的一次推动。

　　根据编委会的设计方案，丛书拟从广州市1000多所中小学校、10多万名教师中选出10所"好学校"、10名"好校长"、10名"好教师"列入首批出版计划。他们有的是已有100多年建校历史，积淀了深厚文化内涵，至今仍然在不断创新中继续勃发着育人风采的老学校；有的是办学时间不长，但在全校教职工磨砺创业、共同耕耘下办出水平的新学校。他们有的是办学理念先进、充满活力、管理经验丰富的好校长；有的是师德高尚、业务精湛、热爱学生的好教师。总之，他们热爱教育事业、热爱每一个学生，创造了卓越的成绩，是好学校、好校长、好教师队伍中的典范。

当前，我国教育正处在由数量发展转向质量提高的转折点上。到2020年，我国要基本实现教育现代化。教育现代化的实质就是要培养现代化的人。教育要回到原点，立德树人，培养具有为国家、为人民服务的责任心，具有创新精神和实践能力，并且具有国际视野和国际交往能力的人才。教育大计，教师为本。我们的校长和教师要立足中国，放眼世界，转变教育观念，改变人才培养方式，促进教育现代化的进程。

我希望广州市在编写"走进广州好教育丛书"的过程中继续挖掘先进人物和新鲜经验，率先实现教育现代化。

2016 年 7 月

2014 年的教师节前夕，我写了一篇《广州教育赋》，后来这篇文章在《中国教育报》上刊登了。在这篇赋中我有这么几句话："大信不约，好校长何止十百；大爱无疆，好老师何止百千；大成不反，好学生何止千万；大道不违，好学校就在此间。"中心意思是说，广州好教育是由十百千万的好校长、好教师、好学生和好学校共同铸成的。正是有着他们的大信大爱和大成大道，广州作为国家重要中心城市之一，在教育，尤其是基础教育方面，才能卓有建树，我们也才有可能推出一套"走进广州好教育丛书"。

在这篇序言中我想表达三个朴实的想法。

第一个朴实的想法是，一座城市的教育发展单靠一两所名校，几位名师、名校长是支撑不起来的。能够为这座城市源源不绝地提供人才智力资源的应该是有那么一大群校长、一大批教师和一大拨学校。他们形成一个个各具怀抱的优秀群落，为这座城市辈代不绝地做着贡献，那我们就要为这一个个优秀群落树碑立传。对于广州这样有着将近 1500 所中小学的特大型城市而言，我们特别有理由这样做。正是有着他们的大信不约（《礼记·学记》）——真正的信义不需要盟约，他们才会在每一所学校不断坚守；正是有着他们的大爱无疆——博大的仁爱无边无际，他们才会为每一个学生殚精竭虑；正是有着他们的大道不违（原为"大道无违"，《晋书·嵇康传》）——不违背教育的使命与历史发展的规律，他们才会为每一个进步中的时代进行着生动的背书。有了他们，才会有一座城市的教育；有了他们，才会有一座城市的发展。有人要问，这套"走进广州好教育丛书"出齐会有多少册？老实说，我也不能确定。这第一批推出的 30 册只是一个开始，但我相信，只要这座城市在发展，属于这座城市的教育大赋就一定不会有画上句号的时候，它一定会以这样或那样的形式展现出来。

第二个朴实的想法是，对于基层教育工作者来说，我们真正需要掌握的教育规律和教育法宝就那么几条，如果我们钻进教育思潮的各种主义与模式的迷宫中不得而出，那就容易忘记教育最基本的追求。几年前，广州一个区的教育论坛请来了顾明远先生，顾先生在论坛上说："没有爱就没有教育，没有兴趣就没有学习。"我们深以为然。教育理论当然有很多，都值得我们认真学习，其他不讲，仅"因材施教"和"有教无类"两条，在我们的教育实践中是否做到了？我相信，如果我们做到了，那我们就有可能进入好教师、好校长、好学校的序列。所以，在这套丛书中，我们特别看重的是重返教育现场，讲好教育故事，今往兼顾，名特相谐。丛书所列既有杏坛前辈，也有讲台新秀；既有百年老校，也有后起名品；各好其好，好好共生。早在 100 多年前，广州教育就已经在现代化进程中开风气之先。比如说鼎鼎有名的万木草堂，20世纪 20 年代开辟新学堂；再比如说最早在广州推行开来的六三学制。在当下的教育大格局中，广州教育自然也不能落后，要有广州的好教育。

第三个朴实的想法是，好教育需要有一个好的教育生态。习近平总书记说："我们的人民热爱生活，期盼有更好的教育。"我们要努力办好让人民满意的教育，那这个教育上的"好"应该体现在哪些方面？除了上面提到的好学生、好教师、好校长、好学校之外，好的教育生态应该是一个必不可少的要素，这其中的一个重要标志就是能够形成尽可能多的教育共识。我们组织编写这套"走进广州好教育丛书"，一个目的就是通过展示我们的教育实践来推动形成更多的教育共识：原来在我们这座城市，在我们身边，就有这些好的教育，值得我们称赞，值得我们珍惜。我们的教育要全面上水平、走前列，这行进过程中积累起来的好教育基础就是我们不断奋力前行的保证。

最后，作为这套丛书的策划者，我要特别感谢北京师范大学出版社，我仍记得三年前，时任北京师范大学副校长的杨耕同志领着北京师范大学出版社的朋友们和我们讨论这套丛书编写出版规划时的热烈情景；另外，我要特别代表广州市教育局感谢顾明远先生为本套丛书作序；还要感谢总主编吴颖民先生以及华南师范大学、广东第二师范学院、广州大学的分册编委的专家团队，正是有他们的认真组织和每一位分册作者的孜孜以求，这套丛书才得以和各位读者见面。

2016 年 7 月

写在前面的话

——做"真教育"的践行者

教育是关乎每一个体的复杂的社会现象。每一个体都对教育有自己或隐或显的看法。很多学者从不同的视角对"教育的本质"进行了论述。德国哲学家雅斯贝尔斯从"人"之本源存在出发，采用境遇化的写作方式与生动的隐喻手法，认为教育要努力唤醒个体追寻本真之存在的使命，教育要回归"本真"。雅斯贝尔斯说："教育是人对人的主体间灵肉交流活动，包括知识的传授，生命内涵的领悟、意志行为的规范、并通过文化传递功能，将文化遗产教给年青一代，使他们自由地生成，并启迪其自由天性。因此教育的原则，是通过现存世界的全部文化导向人的灵魂觉醒之本源和根基。"①针对某些教育无视学生现实处境和精神状况，他提出：人类的成长必须依靠文化环境，教育必须关注人的灵魂。因此，教育真正关怀每一个个体灵魂的成长，就要回归到人之本源存在问题上。只有关注灵魂觉醒的教育，才是"真教育"。

从事教育工作几十年，我发现在教育环境中存在一些问题。部分教育工作者缺乏一颗无私的爱心——他们只爱"好学生"，不爱"差学生"；缺乏一份职业的良心——他们只教学生学知识，不教学生学做人。部分学校缺乏一种教育激情——弥漫在学校的是一种得过且过的倦怠心态，没有一种昂扬向上的精神面貌。部分家长信仰一种狼性竞争文化——他们把孩子培养成为善于抢占社会资源的"狼"，忘记了孩子更多的应该是社会建设的奉献者。有时候，社会看待教育活动采用的是狭隘的观点：教育是关乎，且仅关乎学校的事。没有意识到家庭和社会对人成长的影

---

① [德]雅斯贝尔斯：《什么是教育》，3页，北京，生活·读书·新知三联书店，1991。

响。以上这些现象都在警示我们，教育要"去弊存真"，回归到"真教育"的轨道上。

鉴于此，我始终要求自己做"真教育"的践行者。这是我对自身的要求，也是自己的职业理想。

"真教育"是唤醒灵魂的教育。教育是触及孩子灵魂深处的活动。"真教育"爱无等差，没有"好学生""差学生"的分别，每一个孩子都重要，所有的孩子都是天使。"真教育"不会揠苗助长，而是陪伴着孩子慢慢地从生活里汲取营养；为孩子们一生的幸福打基础，而不会想方设法在所谓的人生起跑线上抢跑。"真教育"用理性之爱唤醒孩子纯真的良善之心，营造充实而幸福的灵魂之旅。

"真教育"是尊重自由的教育。"真教育"给予教师与学生更多的耐心和自由发展的空间。"真教育"是教师事业发展和追求的广阔平台，可激励教师开展创造性的工作。"真教育"注重吸引教师参与学校的建设，把民主作为一种共同的生活方式。"真教育"关注教师的专业成长，让幸福的教师培养出幸福的学生。与此同时，"真教育"尊重学生与生俱来的学习与探索的自由，包容他们的个性，以"静待花开"心态，呵护童年的纯真与快乐。"真教育"为孩子的个性与天赋创造良好的发展环境，唤醒精神的潜能与灵魂的活力，让每个人都成为独特的自己，成为有个性的自由的人。"真教育"给每一个孩子以充分的尊重，让他们在校园里能够更有尊严地学习与成长。

"真教育"是合力共进的教育。雅斯贝尔斯指出："教育正是借助于个人的存在将个体带入全体之中。个人进入世界而不是固守着自己的一隅之地，因此他狭小的存在被万物注入了新的生气。如果人与一个更明朗、更充实的世界合为一体的话，人就能够真正成为他自己。"[1]因此，"真教育"是教育场域中所有的利益攸关者合力共进的活动，它引导家庭

---

[1] ［德］雅斯贝尔斯：《什么是教育》，65页，北京，生活·读书·新知三联书店，1991。

养成良好的教育习惯，为孩子成长创建健康成长的乐园，为社区的文化建设作出示范，为社会的氛围提供文化领导。

在我的职业信仰中，"真教育"是关注精神拓展、灵魂丰盈的教育，是以开放、理性之爱去引导学生发展自我，去影响同侪追寻幸福的职业人生，是引领学校向着精神家园迈进的教育。在此，我愿意把自己的经历分享出来，把自己的教育理想分享出来。希望我的经历能够给教育界的同行们和关心教育的人们一点启示。我希望更多的人因"真教育"而幸福！

2017 年 4 月

目 录

MULU

第一章

我的成长之路

雅斯贝尔斯强调："教育须有信仰，没有信仰就不成其为教育，而只是教学的技术而已。……教育，不能没有虔诚之心，否则最多只是一种劝学的态度，对终极价值和绝对真理的虔诚是一切教育的本质，缺少对'绝对'的热情，人就不能生存，或者说人就活得不像一个人，一切就变得没有意义。"①虔诚的信仰是人生积累与磨砺之后而内生的心智力量，它为人生奠基，并决定了生命之旅的走向。信仰坚定的人，不但自身能够坚持不懈、坚守底线，而且能够产生巨大的磁场，对周围的人产生积极的影响。在这层意义上，教师的信仰，不但关乎自身职业与人生的幸福，而且关涉学生的发展与幸福。感受"真教育"的暖意，追寻"真教育"的愿景，形成并坚守"真教育"的信仰，贯穿在我求学与从教的生命历程中。

图 1-1　"真教育"照亮孩子成长的每一个细节

我是一名小学校长，但首先是一位小学教师。再过几年，我就要退休了。教师是我这一生到目前为止唯一从事的职业，更是我的事业！记得有一年的教师节，我发了一条微信，"下辈子还要做老师"。好多学生给我回复或点赞，其中有一个二十多年前的学生回复"下辈子还要做您的学生"。那一刻，我觉得做老师是天底下最幸福的事，教师事业是天底下最美好的事业！

①　[德]雅斯贝尔斯：《什么是教育》，44 页，北京，生活·读书·新知三联书店，1991。

第一节 温润浸泡

一、温馨的家庭

记忆中的童年，无论是家庭还是学校，都给我温馨、良善、质朴、阳光的感觉。有人说：家庭的氛围很大程度上决定了一个人人生的走向。我非常认同这种观点。亲人给我以爱的浸泡，让我在温馨的氛围中自由地成长，这在很大程度上塑造了我的品格特质。

从小到大，我有一个温暖的家。我的父母是 20 世纪 50 年代的知识分子。在我的童年中，物质生活虽然匮乏，然而家庭的读书氛围却很浓厚。或者，正是这种家庭氛围，奠定了我一生求知若渴的基础。我小时候，爸爸妈妈的工资不高。即便这样，经常天南海北出差的爸爸每次回家，都会给我带一本书作礼物，刚开始是小人书，后来就变成了一本本小说。我常常沉浸在这些书中自得其乐，有时甚至废寝忘食，以至于每次父亲出差一回到家，我就会翻他的包，看他又给我带回什么好看的书。从小我就懂得，书籍中有一个与我们现实不同的世界，那里有很多吸引我的地方。书香伴随着我的童年。

童年家庭的温暖，父母理性的关爱，在很大程度上为我今天的人生路奠定了坚实的基础。在这种氛围中，我成长为一个乐于求知的人。较之于物质享受，我更注重精神生活。在以后的岁月中，无论是职业生活，还是家庭生活，我都特别注重书籍对人积极的引导作用。书籍，如智者般拓展了我有限的思路，为我打开了一扇通往幸福的大门。

爸爸还特别注重引导我进行体育锻炼。小时候我身体不太好，我爸爸比较紧张，他时不时会叫我跳跳绳，慢跑一下。他自己特别喜欢打羽毛球，所以他有空的时候，就会带我去打羽毛球。那个时候我家里条件虽然不是十分好，但是爸爸还是舍得花钱，给我买了一副小小的羽毛球拍。这在我同学那里引起了轰动，他们也特别喜欢与我一起打球。由于爸爸教我如何打，而且我们经常练习，所以虽然我没有系统学习过打羽毛球，但是我的球技不错。可能是因为爸爸给我买的这副小小的羽毛球拍给我的童年带来很多快乐吧，后来我一直都喜欢打羽毛球，而且坚持打，这成了我的生活方式。我会时不时约上一帮朋友打羽毛球，其目的除了动一动，更是聚一聚、聊一聊，在这个过程中，感受友谊的力量和温暖。

童年时进行的体育锻炼，令我逐渐形成对羽毛球运动一生的热爱。这些经历令我对体育运动的教育价值有着非同一般的认同。运动不但能够让人获得技能技巧、增强体质、增加生活情趣，而且能够培养人的意志、毅力、合作意识和交往能力等，后者对人一生幸福的影响更为深远。孩子如果从小就学会并喜欢一项体育运动，一辈子坚持下来，把这项运动作为终身的爱好和生活方式，这对培养幸福的能力是多么的重要。从小培养孩子热爱运动的习惯，努力掌握运动技能，是基础教育的重要任务。

由于父母工作忙的缘故，我小时候经常跟着外婆。从某种程度上来说，我是由她老人家带大的。外婆虽然没什么文化，但她是一个非常善良、朴实的人。她笃信"施比受有福"，常常教导我们"吃亏是福"。记得我小的时候全国普遍经济困难，冬天时经常有乞丐到我们家门口乞讨。不管是什么样的乞丐来到跟前，外婆总是会端一碗米饭和一些下饭的咸菜给他们，让他们填饱肚子，若是老人或带着小孩的妇女，则会再送一碗米。其实当时我们家里也不宽裕，但记忆中外婆每次把东西送给别人时，脸上全是和蔼的笑容。从那时候起，我似乎朦胧地感觉到，"给予是快乐的"。外婆尽力去帮助别人的画面，烙在我童年的记忆之壁上。随着年龄的增长，我越发清晰地理解老人家那种"种善因才能结善果"的坚定信仰。

古人说："居移气，养移体。"常常目睹外婆在施予中体验快乐的我，自然而然就觉得，看到别人快乐，自己也会快乐。大家好，才是真的好。能给别人带来帮助的人是幸福的，也只有这样才能体现自己的价值。同时，也隐隐觉得"算计"其实是一种可怜可悲的行为，自己会有意无意地不屑为之。

现代人常说，原生家庭的环境，会对孩子的人生走向产生重大影响。对此，我深有体会。我甚至觉得，民族的较量，其实是家庭教育的较量。在童年时代，父母生活习惯的熏陶、周边亲人的影响会渗进骨髓，成为这个人特质的一部分。如我所感，对书籍的爱好、对体育运动与阳光人生价值的认可、对善良的认同内化，都已成为我价值坐标中的核心元素。它们影响着我自己的家庭生活，影响着我的职业生涯。

二、快乐的校园

我的小学母校是一所国有企业子弟学校。在 20 世纪 70 年代，这家企业的效益很好，因此我的母校办学条件相对来说比较好。现在回想起来，学校的办学理念是比较先进的，强调"做中学""学中做"等现代教育观念，经常举办许多活动，如演讲比赛、才艺展示、地质夏令营、学农等，让我们学得轻松愉快。记得我在小学五年级的时候就曾经参加了一期地质夏令营活动，带着小地质锤等工具去山上辨认矿石。兴趣是最好的老师，这些活动激发了我对新鲜事物的兴趣。

我们学校的师资水平高，学校很多老师都是大学毕业生，甚至是名牌大学毕业生。他们有着自己独特的教育教学风格，能够包容我们的个性。学校的教学设施相对来说也是比较先进的。学校建有一个比较好的图书馆，里面有很多我们喜欢看的书：小人书、童话故事、民间故事等。在年幼的我眼中，学校图书馆藏书很多，像一座宝库。我在那里常能发现很多的宝物。学校经常会在学生中招募志愿者，负责管理图书馆。我迫不及待地去应聘，因而成了一名学校图书馆的志愿者。志愿者的好处就是在整理图书之余，可以随便借阅图书。在那里，我发现了很多影响我价值观的书籍，如《世界童话故事》《中国民间故事》等。书籍的浸润成为我童年中最美好的记忆。

记得小学时，我们只有三种课本——《语文》《数学》和《自然》，内容不难，作业也不多。爸爸妈妈工作忙，也没时间理我。小时候的我个子小小的，学习成绩一直很好，放学后有大把的时间到学校外面的大操场捉蟋蟀、蜻蜓、蝴蝶等小昆虫，还可以跳橡皮筋、翻筋斗，到草丛中给自己养的小兔子拔草做饲料，日子过得快乐而悠闲。家里的书、学校图书馆的书让我常常能够心无旁骛地徜徉书海，因此我的语文成绩一直很好。从小学到高中，我的成绩一直都很好。所以于我而言，读书取得好成绩，是一件轻松的事情。

三、温暖的师长

一直以来，我对小学母校、对老师都有着美好的记忆。那时候我就希望自己长大后能够当一名老师。现在回想起来，这"当老师"的梦想，很大程度上源于我很喜欢的小学时候的班主任——闽南蓉老师。

闽老师教我时，她的年纪大约四十岁。印象中的闽老师是一个和蔼可亲的人，总是笑眯眯的，喜欢正面地鼓励学生，一般不会批评学生。她说话的语气也很温和。记得特别深刻的是她很喜欢拥抱我们，高兴起来还会把我们这些小孩子举起来。被闽老师抱着的感觉真的很温暖！因此，我很喜欢她的语文课，总会在上课前将课文预习一遍，好等老师上课提问时好好表现一番，同时也为了让大家对我刮目相看。我还特别听闽老师的话，她叫我们多看课外书，我就尽可能地找课外读物来看，不知不觉中阅读成了我的生活习惯。上闽老师的语文课时，我总是尽量控制好自己不乱动，不讲小话，集中精神认真听，希望得到闽老师的表扬。这认真的学习态度，加上课外阅读的积累，让我的语文成绩名列前茅，这进一步激发了我学习语文的兴趣和动力。所谓"亲其师则信其道"，我总喜欢模仿闽老师的言谈举止，有时候与小伙伴玩游戏时，我也会积极地建议玩"当老师"的游戏。在游戏中，我照着闽老师的话语对"学生"说话。在年幼的我心里，她的话仿佛是"圣旨"，她写字的姿势、说话的手势和表情，甚至穿衣服的喜好，都成为我模仿的对象。闽老师有时不经意的拥抱，常常让我激动很久。我觉得老师就是"温暖"的代名词，就是爱的化身。渐渐地，我萌发了"长大以后也要做一名老师"的念头。

现在回想起来，能遇到闽老师是我人生的幸运。她让我在童年的时候就感受到了学校生活的美好、学习的快乐和成长的美妙。这种感受，对我以后的人生产生了积极的影响，成为自我发展的内驱力，让我有意识地去追求内心世界的丰富，去做一个温暖的人。高考填报志愿时，"我要当老师"的愿望占了上风，于是我报考了师范院校。从此以后，教育事业就伴随了我的一生。

小学毕业三十年的时候，我们回到母校，去找儿时亲手种植的小树。那些小树现在已经长成参天大树了。站在郁郁葱葱的大树下，望着已经破败的操场和教室，我们心里满满的都是温暖美好的记忆。而我在这三十年中，时时能想起闽老师温暖的怀抱和无拘无束的童年时光。

习近平总书记说："一个人遇到好老师是人生的幸运，一个学校拥有好老师是学校的光荣，一个民族源源不断涌现出一批又一批好老师则是民族的希望。"[①]

回忆成长经历，我常常觉得庆幸。虽然我的母校只是一所普普通通的企业办的学校，但是从理解教育的本质和把握教育规律方面来衡量，却是一所理念先进的好学校。我很幸运地拥有了一个宽松愉悦的成长氛围，没有补课，没有做不完的作业，没有上了一周学后还要在休息日奔赴各种课外兴趣班的烦恼，没有考试排名的压力……我也很幸运地遇到了一批尊重教育规律的好老师。他们很友善，拥有作为一名教师所应该拥有的爱心和责任感，使我充分地感受到小学教师对孩子成长的潜移默化的引导作用。学校经常想办法开展各种活动，让我们在实践中学习，在生活中感悟，这使我对学校生活留下了许多温暖而美好的记忆。这样自由的、快乐的、积极的成长环境，留给我充足的时间和空间，让我对学习始终保持着兴趣，从而保留了我成长的多种可能。就像我们种下一棵小树，如果只是种在一个浅浅的花盆里，或者是种在一个逼仄的空间

---

①　习近平：《做党和人民满意的好老师——同北京师范大学师生代表座谈时的讲话》，载《人民日报》，2014-09-10。

中，那么小树一定不可能长成参天大树。相反，把它移植到广阔的田野，让阳光雨露充分地润泽它，更可能使它成材。人的成长何尝不是这样呢？

第二节　信任勉励

现在回看，童年时成长的家庭氛围、学校教育、老师榜样，对我成为"真教育者"有着奠基作用。在真正成为一名专业的教育工作者后，我对"真教育"的理念与技能，经历了无意识的倾向性习得阶段，到后来的有意识显性学习阶段。最终，我成为"真教育"的信仰者。

一、初入职的激情

1988年大学毕业时，我恰好二十岁，正值梦想缤纷激情澎湃的年华。我被分配到家乡的一所农村中学任教，教初中一年级两个班的语文，担任其中一个班的班主任。那时刚从学校出来，笃信教师应该既是学生的长者，也是他们的朋友。因此，我特别注重自己在学生心中的位置和形象。

乡下的孩子通常读书晚一些，因此我和我的学生们在年龄上相差不远。初为人师，每天都有使不完的劲儿，很希望能和学生玩在一起、打成一片，因此我与学生的关系很融洽，学生给我起了个亲切的绰号——"妹妹老师"。周日休息时，我会组织学生们骑车到附近的风景名胜游览，也会组织班上的男生与其他班进行篮球比赛。我和一帮女生在场外当啦啦队员，呐喊助威。作为班主任，我会在别的老师上课时，悄悄站在课室的后门观察学生，下课后把开小差的学生叫出来做思想工作。因为有理有据，学生一般是会虚心接受批评并改正的。因为个子不高，我喜欢穿高跟鞋，以至于后来学生一听到高跟鞋的声音就会立刻安静下来。记得有一个女生因为家庭贫困面临辍学，我发动班上的同学为她捐款。大家都很踊跃，想帮她留在校园。虽然最后她还是拒绝了我们的帮助，但回想起这件事，我至今仍觉得温暖。

　　我幸运地发现，自己虽刚入职，也明白了教育无小事，读书不是读教材，教书也不是教教材，当一名老师绝不仅仅是传道授业解惑，还可以为学生带来爱与温暖，可以为社会带来希望。我相信，与我一起经历这件事的学生，也一定和我一样，有着相似的感受记忆。我希望，我的学生因为遇到我而感到幸运，因为有这样温暖而美好的学习生活而感到幸福。希望他们将来成年以后，走上社会的时候，这一份爱与温暖都能陪伴着他们，让他们能够坦然面对生活中的风风雨雨，让他们对未来的幸福始终抱有希望。现在回想起最初入职教师生涯的那两年，跟现在相比，虽然时代变了，工作环境也变了，不过自己身上最本质的东西却一直保留着：对教育具有能促进人的精神成长和幸福生活的力量，怀有坚定的信心。不过因为我没有农村生活的经验，所以在生活上觉得很不习惯，也就没有长期留下来的打算。

二、工作与学习同步

　　1990 年，由于家庭的缘故，我调到了广州工作。刚调来广州的时候，家附近的中学没有空缺的编制，于是我就调到一所城中村小学工作。原本想着先在小学过渡一下，但后来的工作实践使我觉得，教小学比教中学更适合我，于是我就一直留在了小学。

　　因为我本来是师范院校中文系毕业的，所以刚进这所小学时我是教语文的。后来，学校的数学老师不够，校长就派我去教数学，我二话没说就转教数学了。连续教了五年的毕业班数学后，学校发现英语老师不够，转派我教英语。于是，我又教了两年英语。其实我那时候的英语因为大学毕业以后好几年时间没有使用而生疏了，可以说是哑巴英语。为了教孩子们学好英语，我报了个英语夜校的辅导班去学英语。晚上自己去学，白天教学生。就这样，我本来是中文系毕业的语文老师，却也有了教数学和英语的经历。总之学校需要我教哪个科目，我就教哪科。当时或者只是按照学校的工作安排，没细想这些经历的影响。现在回想起来，正是教数学和英语的实践，让我突破了专业发展的瓶颈。我认识到，要当好小学教师，除了要有宽广深厚的专业知识之外，责任心和持续学习的态度、行动更为重要。因为，只有保持开放的心态和学习的意识，不断地接触与学习新事物，才能使自己跟上教育改革的步伐，满足专业发展的需要。

那个时候，除了做好本职工作，我还特别热心地干一些分外的活儿。记得那时学生做的试卷，都要老师自己出题并刻印的。出试卷的程序大致是拟定试题、在钢板上刻蜡纸、用油墨印刷。工作量很大，跟现在的电脑打印完全不一样。当时我常常挤出周末的休息时间，主动帮同事刻蜡纸，刻好之后就印，印完之后还一个班、一个班地把试卷分好。所谓功多艺熟，很多同事都叫我帮忙，我又不太好意思拒绝，于是继续做着这些在别人眼中看来是闲事的活儿。

没过多久，学校买了一台速印誊印机来印试卷。由于学校人员编制有限，不能安排专人去操作这台新买的机器。既然有着帮同事刻印试卷的行为，于是，我主动请缨负责操作新机器，自己去对照着说明书研究机器的操作方法。这台新机器有很多新功能，比如能够双面印刷，能够自动计算打印复印的纸张数等。我逐项细究并且尝试操作，直到熟练为止。新机器还需要人工排版，有时候在自动计数时会卡纸、记错等。在操作的过程中，我不断地摸索，尽力把卷子排好版，印得很整洁漂亮，还在印好后按班级人数分好卷子。

另外，因为我一直比较喜欢研究新鲜的事物，对于印刷机的小毛病，我常常试着学习修理。所谓"嗜之越笃，技巧越工"，以至于到后来我会简单修理这台机器了。蜡纸没了、墨粉没了、卡纸了……遇到这类简单的故障时，我都是自己拆开修好。每当速印誊印机的公司技术人员定期来学校做保养的时候，只要我有时间，我一定蹲在旁边看他们怎么修理和保养这台机器，询问相关的技术问题，跟师傅学习机器的保养技术。后来就不用经常麻烦他们来上门服务了。或者是因为我对这台速印誊印机的钻研偏好，所以学校的试卷基本是我来印，以至于别的老师都不太会用。表面上我的工作量是增加了，但是，这种额外的付出，最终得益的还是我自己。学习与钻研感兴趣的新事物的热情，我至今还保留着。

我较一般同事更早把电脑用于实际工作中。1994年学校买了第一台电脑，当时大家都不懂，我就去自学。当时的电脑是非常昂贵的，因为防盗的需要，所以被锁在男教师宿舍。男教师宿舍是两室一厅，住在里面的两个男教师分别住一个房间和客厅，最里面的一个房间拿来放电脑。那时候，每个星期天我都去敲那两个男教师的宿舍门，敲开以后就躲在屋里面练习电脑。

为了更好地掌握电脑应用技术，我用了差不多一个月的工资去报了一个电脑培训班，晚上去夜校上理论课。夜校设置在附近的一所中学里，租了一间教室用来上课。上机练习则是在我们当地的党校。整个培训过程需要在不同的地方奔波走动，遇上刮风下雨的日子，更是狼狈不堪，但我却从不落下一次课。而且只要有时间，我就在学校里操练。半个月之后，我顺利拿到了计算机操作证，学校的电脑主要就由我来操作了。因此，我比一般教师更早地懂得了电脑课件的制作、文件的电子化管理、如何利用网络搜集信息等技能。网络为我打开了更为广阔的世界。我敏锐地意识到，电脑技术是每个人都应该掌握的基本技能，电脑将会成为我们必备的工具，拥有个人电脑是一种趋势。

因此，我跟家里的人商量，自己家也买一台电脑，这样会更方便。记得当时电脑还比较昂贵，一台需要一万多块钱，价位跟一辆很好的摩托车差不多。但从此我能用电脑出试卷、写文章、排课，工作效率大大提高。对电脑的摸索使用使我感觉到，很多新事物，用得越多，就会越熟练。在摸索中学习电子产品的技能，能够发现许多新功能。直到现在，我还保留着这种习惯。

三、初涉行政事务

值得一提的是，我到广州的这所小学工作时，恰逢当时的老校长年纪临近退休，想培养一个接班人。可能是因为我年轻、有干劲，工作积极上进，加上平时为同事服务比较热心，所以她让我担任校长助理，把学校很多具体的事务都交给我处理，如学校每年的计划、总结、大队部的活动方案等。在写这些方案的过程中，我开始意识到，学校管理是一项系统的工作，需要周全考虑各方的关系和利益。这对我日后的管理工作有潜在的影响。另外，通过写计划和总结，也令我有了"反思"意识。这种"反思"意识对我专业成长起到了促进的作用，也令我日后在管理中注意带动教师团队进行专业成长。

此外，老校长是一个务实的人。她虽然没有系统的管理理论，但是，她注重实际问题的解决，注意协调村委和学校的关系，整合更多的资源，为学校办实事。这对我产生了深刻的影响。因为这所小学的地理位置虽然在我们那个区的中心，但是从办学体制上看仍然是农村小学。当时实行村、镇、区三级办学。我所在的那个学校就是属于村办、镇管、区指导的一所学校。学校办学所需要的经费，很大一部分需要村委的支持，学校管理的一些实际问题，也需要村镇的配合。作为校长，必须得有协调村、镇的能力，使他们支持学校的工作。当校长助理时，我经常需要协助老校长做这些工作，切实地感受到，学校其实是一个开放的系统，相关系统对学校办学的支持，是多么的重要。同时，学校也可以为村委做一些工作，如文书的管理、活动场地的使用、协助村委搞好各类活动等。这样，村委与学校就能形成良性互动，相互促进各自工作的开展。老校长处理这类公关事务的果断与坚毅，还有她那干练的作风，都对我产生了很深的影响。她让我朦胧地意识到，学校的管理者应该有开放的心态和干练果断的作风。

当校长助理的这几年，我在做中学，在练中习，在错中悟。这对于我来说，是一种宝贵的历练，对我日后成为一名出色的专业教师、一名具有"真教育"理念的学校管理者，有着重要的作用。这期间无意识中习得的理念和行为，在我系统地学习了相关的教育管理理论后，成为显性的教育理想和有意识的专业发展追求。

四、迈上新台阶

1994 年 9 月，老校长说有一个读教育管理本科的机会，问我要不要去读。我是一个喜欢学习的人，当时觉得如果能够继续读书真的很不错，于是欣然答应了下来。现在回想起来，老校长当时选择我去读这个本科班可能基于两个原因。第一个原因可能是当时我是全日制大专毕业生。那个年代大专毕业生比较少，大多数小学老师还只是中师毕业。她觉得我这样的专业水平，应该有更好的发展平台。第二个原因可能是我在工作中从不斤斤计较，是一个不怕吃亏的人。学校有什么工作需要我去做的，无论是本职的还是额外的，我都从不推搪。这种不介意做本职以外的工作的人，本质上是积极上进的，加上她可能把我当作她潜在的接班人，所以就派我去学习了。

读教育管理本科，是我职业生涯的一个转折点，它令我跳出专业发展的瓶颈，明确地意识到，教育实践需要理论的解读和关怀。一方面，因为我已经教了几年的书，对教育实践有了充分的体验，需要进行专业提升了。另一方面，我开始系统地接触"教育管理"的知识，特别是学会把学校当作一个系统。如何协调这个系统中的各个因素，以发挥最大的潜力为育人服务，这是自正式入读这个课程开始直到现在，我都在思考与实践的问题。此外，这段进修生涯也正式开启了我的自我专业发展之路，使我感受到，教育改革的潮声已近。作为教育者，要把自己融入这股浪潮中，无论何时，都必须要保持学习的心态和行为，保持对教育现实问题思考的敏感性，保持对教育理念更新的持续性关注。

或者正因为我一直对新事物有想要了解的兴趣与热情，所以对人、对事会有意无意地保持一种开放、了解、接纳的态度。这种心态，契合教育改革对教师的时代要求，所以，我的教育之旅走得颇为畅顺。这种开放包容的态度真的很重要，因为时代和社会在不断地变化。作为一个教育工作者，如果不了解这种时代趋势，不了解日新月异的科学发展，在复杂的教育实践中，一定是无能为力的。

五、走上行政岗位

2001 年，老校长退休，我正式担任当时所在的小学的校长。我当时是比较年轻气盛的，很执着地去实现我的很多想法。在当时的环境下，村办小学普遍是非常困难的。村、镇、区三级办学的具体运作比较复杂，教师的基本工资是区政府拨付，但津贴是镇、村拨付。就其他办学经费而言，主要是村里负责。与之相对，区办学校会好很多。当时只有三所小学是黄埔区教育局的"嫡系部队"，其中包括我现在所在的荔园小学。这三所区教育局直属小学在各个方面都受到照顾。比方说，福利房只有这三所学校的老师可以分，其他学校都没有的。

农村的联系依靠的主要是一种血缘关系、宗族关系和乡土文化。作为村办小学的校长，要想学校办得好，一定要善于根据这个特点做通村民和村委会的工作。那时候我经常走进村中，走进村委会，与村民和村委会的人员沟通，努力让村民们明白，他们投入的每一分钱都会产生效益，因为归根结底学校里的学生都是村民的子弟。农民天性中的淳朴，也使他们非常讲究行善积德，所以他们大都会认同我的教育理念和教育措施。此外，但凡村民、村委会有什么需要，只要学校能做到的，一定积极支持与配合。比如说，村里的村民素质教育经常需要在晚上到学校里面开课。每次开课时，我们一定会派老师全程协助，我自己也一定会回到学校帮忙。此外，我还经常利用家长会、家访、上级的各项检查活动等机会，宣传村民和村委会帮助办学的善行。这样一来，村民和村委会渐渐体会到，村校是合作伙伴的关系，彼此需要互相协作、互补行动，这样才能真正有益于学校，最终有益于村民。就是这样，学校与村委会形成了合作共同体的关系。幸运的是，当时我们那个学校所在的村也比较富裕，我们跟村委会沟通及时又到位，村委会对我们各项的办学措施能够提供有效支持。例如，每年村委会会拨一部分钱支持老师出去学习考察，从而开阔视野增长见识，并且还会以其他方式奖教奖学，每年还会投资改善学校的设备设施。我觉得做教育是一种基于理想和信念的感情交流活动。大家成为伙伴了，产生情感了，许多难题就迎刃而解了。

2004年年底，黄埔区接收了石化企业的学校，包括石化小学和石化中学。当时，石化小学的老校长接近退休年龄了，区教育局就需要考虑新的校长人选，并来征求我的意见。我同意去石化小学，并于2005年的9月到任。

因为区教育资源布局调整的需要，我到石化小学上任九个月之后，学校就需要整体搬迁。新校址原来是一所旧中学，虽然有一点硬件基础，但是所有的场地要重新设计和装修，否则不符合儿童的年龄特点和小学的教学需要。当时区政府的财政很困难，因此学校的搬迁改建经费只有25万元。加上搬迁产生的费用，用这点儿钱改建一所学校肯定是捉襟见肘的。所以那几年我们真的是一分钱掰成两半花。所有的东西都做好计划和预算，精打细算。

忙完搬迁改建的事情以后，我就着手对石化小学进行内都建设。石化小学是老牌的省一级学校，有很好的办学口碑。但是，因为石化小学原来是企业办的，因此形成了一种企业文化：他们的工资体制跟地方完全不一样，平时与地方的联系很少，相当于一个封闭的小社区，所以非常不认同地方的文化。针对这种情况，我主要从教师队伍建设入手，抓教师队伍的认同感、归属感。我们引导学校由企业办学向地方办学去转变，引导原有的观念和模式发生根本性的改变。我当时给自己确定的一个底线目标是，学校转制、搬到新地方以后，只能比原来更好，不能比原来糟糕。

经过几年的努力，我们就把石化小学办得很好了，学校的各项工作有条不紊，成果也不断涌现。我们先后获得广州市"市长杯"足球赛冠军、广州市第八届"羊城小市长"等各项荣誉。在黄埔区的中小学生田径运动会中，石化小学拿到了甲组团体冠军。当时石化小学的学生很受名校欢迎，中学校长都很喜欢我们的毕业生。

最重要的是学校的管理渠道搭好了，规章制度也都理顺了，团队建设也进入一个很好的状态。现代学校制度的确立，是一所学校良好、有序、可持续发展的基础。邓小平曾经指出："制度好可以使坏人无法任意横行，制度不好可以使好人无法充分做好事，甚至会走向反面。"[①]我逐步引导学校建立起一套良性的制度，使事事有法可依、有法必依。完成这些基础性的工作以后，学校的运作就非常顺畅、有效，学校的教育教学质量大为提高了。制度解放了人，作为校长，我的工作非常轻松。即使我离开学校出差一段时间，学校的所有工作也能正常推进，因为我的团队已经能够非常有效地运行。

我在石化小学工作了七年半后，荔园小学的校长到年龄要退休了。因为我的家就在荔园小学所在小区，家门正对着学校的门口，从楼上就可以看到整个学校。我觉得这种便利条件能让我有更多的时间和精力投入到工作中，就向上级申请去荔园小学工作。后来，经过区教育局党委会的研究，同意我在 2013 年 2 月新学期开学时正式担任荔园小学校长。

值得一提的是，我们这一代教师中的很多人都有机会选择非教师职业。在很长一个时期，我们的社会对"教师"这个职业缺乏认同度，没把教师职业摆在很重要的地位。从 20 世纪 70 年代末一直到 90 年代中期，我国的教师职业是被很多人看不起的一个职业。很多当时留下来的教师，要么是因为没地方去，要么是因为没有"后台"。当然，也有的是真的喜欢孩子，喜欢做教育，不过这部分人的比例非常少。

记得 20 世纪 90 年代中后期，政府从学校里面招走了大量的教师。因为我们国家教师的身份本来就是干部，很容易调到政府里面去。当时跟我同一个学校任教的教师，有去海关的，有去街道的，有去银行的。大家都宁愿去做琐碎的行政工作也不想留在学校做教师。为什么呢？第一个原因是，教师的社会地位不高，有人觉得没本事的人才做老师。那时候如果一个男同志是教师，特别是小学教师，那么他基本是被人看不

---

① 邓小平：《党和国家领导制度的改革》，见《邓小平文选》第 2 卷，333 页，北京，人民出版社，1994。

起的。第二个原因是，教师的经济地位低。当时公务员的收入差不多比同级别的教师多出一倍。在这种背景之下，即便有优秀的人才进入学校，很多也只是把学校作为一个跳板。尤其是很多最优秀的人才，都到政府机构当中工作去了。

在这种大环境下，我的家人曾多次建议我更换工作，但都被我拒绝了。我哪里也不想去，我就想做老师。有时候，我也在想，为什么我能够坚持下来？我想最根本的一点是，我感觉做老师很幸福！教师事业是我从小以来坚持的理想，是我真心喜爱的事业，是能够让我在享受工作的状态下带来成就感的一份美好的事业！

图 1-2　与孩子们在一起快乐无比

第三节　坚定笃行

一、走进荔园小学

进入荔园小学工作，标志着我的职业生涯登上新台阶。我对自己多年来的教育实践做了系统的反思梳理，再用这些年来陆陆续续进修学习的教育理论对当下的教育问题进行观照，确立起自己的"真教育"理念。我决心用这些教育理念，把荔园小学办得更出色。经过调查研究和深入思考，我把学校的办学宗旨定位为"给孩子一个快乐的童年，给人生一个坚实的起步"。围绕这一宗旨，我决心带领教学团队，把荔园小学打造成一所家长支持、社区尊重、社会认可的"家门口的好学校"。初进荔园小学，我着力着手创建整洁和谐的校园环境。

自身经验告诉我，环境对人的成长所起的作用非常大。学校的硬件建设与文化建设，对孩子在校的学习生活会产生潜移默化的作用。初到荔园小学，我几乎每天都在琢磨：怎么把荔园小学建设成一个让孩子喜欢、让孩子觉得好玩的地方？我首先想把荔园小学做成一个公园，这里的一草一木都让人觉得熟悉、美丽、舒服。无论是小孩、老师还是周边居民，有空都喜欢在这里溜达溜达。其次，我想把荔园小学做成儿童乐园，一个小孩子喜欢留下来玩的地方。我希望孩子们每天都觉得：学校太好玩了，我要回学校，我每天都想回学校，有空的时候我就喜欢回学校转转，学校里面到处都有书，爱看就看；学校里到处都有体育设施，想用就用，随时可以锻炼。无论是读书，写作业，还是看书，我都喜欢在学校中完成。因为我总觉得，孩子们喜欢来学校才能够喜欢上学，喜欢上学才能够学得进去。

要让学校成为孩子们喜欢逗留的地方，里面的设备设施就要体现舒适性，要让儿童在学校里很愉悦地生活、学习。只有自由了，舒展了，才能激发人的自主性、创造性。所以，有条件铺地毯的铺地毯，不然就铺木地板；能够安装空调的，也尽量安装空调。学校要尽量做到这样的效果——来到这个学校，每一个教室、每一条走廊、每一个角落都让人觉得温馨又舒服。因此，学校的建设可以不豪华，但尽量要体现舒适性。而且因为是儿童学习和成长的地方，就要体现儿童的生长特点。我经常观察孩子，发现儿童对色彩的识别非常敏感，儿童绘画的着色常常是很丰富很鲜艳的，那我们的学校设计就应该根据儿童的这个特点来着眼，尽量采用鲜艳活泼的色彩来装点。因此，荔园小学的校园建设，我就有意识地用上述理念来指导。

改造学校的环境不是一件简单的事情。2013年我到荔园小学上任，做的第一件事情是让学校干净整洁。

我刚去荔园小学的时候，学校到处是纸屑垃圾，小孩像一个个泥猴子一样。教学楼每一层的走廊中都挂满了拖把。一个班有五把甚至八把拖把。拖把洗了以后挂在楼层外面很"壮观"，整个楼层都是黑乎乎的，拖把上的脏水一层一层往下滴，没有人管。大家都觉得习惯了，不然拖把放到哪里去？后来我让总务处给每个班买一个地拖桶，把拖把放在地拖桶上把水滴干。有的老师不以为意，觉得这么多年都是这样做的，大家都习惯了，也没什么要紧。我说："己所不欲，勿施于人。脏水滴到您的头上，您会怎么想？我们一天到晚教孩子做个文明人，怎么才能体现文明？尽量不要给别人添麻烦才是文明生活的准则。"就这样解决了晾晒拖把的问题。

我去教室上课，发现很多教室乱糟糟的，很多班级的门后堆满了劳动工具。六年级有一个班居然有七个垃圾铲，都堆在教室讲坛边，因为扫把、拖把、垃圾桶太多了，门后面堆不下。有的教室一面墙上挂满了扫把、地拖，有的多达十多把，显得很是杂乱。这样的教室，孩子能喜欢吗？不要说小孩，我都不喜欢。有的教室甚至在整个讲台的周围都堆着一些垃圾铲、扫把、地拖等。在这样的环境中，教师哪里还有心思教书？

于是我让总务处去清理一下各个班的劳动工具，统一回收，重新分配，只把有限的几把日常用的打扫工具放在教室里。接着，在每个楼层建了专门的工具间。工具间的三面墙都钉上挂钩，让工具挂得整整齐齐的。工具统一放在工具间，每个班要用工具的时候统一到工具间去取。这样，教室里面就不会摆满了垃圾铲、扫把、拖把等。工具间的劳动工具归全校所有，各班都有权利共享，不再分你的我的。这就给老师和学生建立了一个"共享"的理念，让大家觉得学校就像自己家里一样，每一个人都是这个家庭里的成员，不分彼此、不分你我、共同分享。我们还给每个班分配了一个很大的塑料桶，下雨天时放在教室门口，用来安放雨伞，这样就不会把地板弄得湿滑，给别人带来不便。学校还给每个班配发了两个精致小巧的垃圾桶，一个装可回收垃圾，一个装不可回收垃圾，要求学生把垃圾分类放置。这样一来，作为学习的场所的教室就整洁多了。

英国哲学家洛克认为，每个人来到这世界，就像一张白纸一样。而后，他生存的环境开始给他上色，他的环境是什么样的，他就会变成什么样的人。在我看来，环境不好是一定会影响到儿童品质的形成的。我们要从儿童的视角、根据儿童的成长特点来改造儿童的成长环境。

我听说广州曾有几位小学生，因为学校厕所太臭了，无法在学校里解决排便问题，都是憋到家里才敢"方便"。为了这事，他们还闹到校长那去了，写出了好几页纸的建议书。孩子们来到学校学习，不仅是要获得学业的成长，更重要的是要获得健康文明生活的能力。如果学校不能为孩子们提供健康文明的生活条件，久而久之，孩子就不能养成健康文明的生活习惯，不知道该怎样健康文明地生活了。

来到荔园小学的第一个学期，我觉得很不满意的一个地方就是厕所。整个一楼运动区没有厕所，大家都要跑上二楼。楼上的厕所没有门，都是用不到一米的矮墙隔开。大家如厕时一点儿隐私都没有，会觉得尴尬。墙角的垃圾桶很脏，旁边散落一地垃圾，看起来很不舒服。为了采光，每间厕所都有两扇透明的玻璃窗，与隔壁小区的住宅近距离相望。"有心人"若是站在窗前就能将厕所里的举动一览无遗，导致很多高年级的女孩子不怎么愿意去厕所。厕所里也没有提供必要的卫生用品，如厕纸、洗手液、烘干机等。我观察发现，很多孩子，尤其是年纪小的孩子，急急忙忙冲进厕所后才发现忘记拿纸了。要么冲出来到课室翻书包，要么就干脆不用纸。还有许多孩子上完厕所是不洗手的。

我要对学校的厕所进行改造，让孩子养成良好的如厕习惯。于是，我们召开会议，在会议上，我要求总务处的同志以培养孩子的良好的行为习惯为切入点，以优雅舒适作为标准，重新改造荔园小学的厕所。我说改造厕所的时候，可以考虑快餐店学习，要考虑舒适性。学校厕所首先一定要有门。另外，所有厕所都是蹲厕，要不要考虑装一个坐厕？因为孩子们总有不方便的时候。比如上次有一个孩子扭伤了脚，是大家背他进厕所如厕的。那他怎么上厕所啊？要不要考虑这个问题？厕所里面能不能有冷热水？其实广东也有特别冷的时候。冬天很冷的时候，小孩子用完卫生间之后就不洗手，那是一个很不好的习惯。如果厕所里有热水，那么孩子们应该不会出现这种情况了。学校的厕所得到如期的整改。

此外，我去荔园小学的第一年，顺德一位企业家通过家委会向我们学校捐助了五年的厕所用纸。五年内学校厕所的用纸，全由他的企业来捐赠。这位企业家没有孩子在我们学校上学，我们是通过家委会的家长拉到这个赞助的。于是，我们就在厕所里装了一高一低两个厕纸筒，学生如厕时，就方便得多了。我认为厕所有纸是文明的表现。作为专门的育人场所，学校应该是体现这种文明的最好地方。

我们最早的厕所洗手盆都是按照大人身高来设计安装的，那些一二年级的小孩子使用起来不太方便。后来我请总务处做改造，一格洗手盆正常高度，另外一格洗手盆加上木凳子，小一点的小孩子可以踩上去洗手，这样就方便多了。我每天两次做校园观察，每次都会去检查一下厕所的木凳子摆好了没有，因为摆不好可能会摔着孩子。

后来，我要求总务处买了两批擦手毛巾。因为学校里面小孩多，用厕所的人多，用擦手纸巾的话，第一不环保，第二成本也高。所以，我就要求买一些擦手毛巾，买那种很舒服的、有卡通图片的擦手毛巾。从网上买也就几块钱一条。我要求多买一些，每天都让清洁工去更换和洗涤。我们学校是有洗衣机的，不过洗衣机没有烘干功能，所以擦手毛巾需要专门找地方晾。于是，我又请总务处买了两排架子，放在五楼天台上，用来晾晒擦手毛巾，这样就保证每天更换。小孩洗完手之后要擦一擦。我自己每天也都用这些毛巾的，检查这些毛巾干不干净。后来，发现天天上阳台晒收毛巾也不太方便，于是我又跟总务处要求，做下一年的财务计划时，要预算买一台有烘干功能的洗衣机，因为我们的洗衣机购置要走政府采购流程，所以得做规划。我认为，养成卫生的习惯很重要。还有，孩子们上体育课，很热的时候要不要换衣服？要不要有更衣间？要不要在更衣间做一排木凳子？要不要在更衣间的墙上挂上挂钩？我觉得这些设施都应该有。如果条件允许，都应该设置。

教室劳动工具的放置、厕所的改造等问题的解决，看似事小，但实际着蕴藏着丰富的教育原理。给孩子一个洁静、温馨的如厕环境，增设一些小物件，使学生在学校的生活与学习更为方便舒适，实质上向学生昭示了"文明"的内涵：关注细节，关怀个性，把工作做精细、做精致。这些都是隐性课程，会影响着在校园生活中的每一个人，影响大家做行为文明的人，追求高雅、精致的生活。"真教育"就是要培养孩子做个文明的人，做个把小事做到最好、最精致的人。

我希望把今后的荔园小学，办成一所精致的现代化学校：环境整洁、大气、典雅，校园洋溢着浓郁的人文关怀气息，充满着理性的爱和温暖，进而成为师生的成长乐园，精神家园。它是面向全体、全面发展的学校。让每个孩子都能在这里找到发展的平台，都能张扬个性与特长，体验成长与成功的快乐，使学校成为每个孩子的童年乐园，让学校教育成为孩子们人生当中一段温暖的记忆。

二、化解职业倦怠问题

刚到荔园小学，我发现很多老师，对学校分配的工作，都持有一种消极的态度，上下班比较散漫。大多数老师都只做自己的"分内事"，而只做"分内事"就是把自己该上的课程上完就觉得是完事了。对与教学关系不明显的任务，老师之间往往是相互推诿，没有人愿意承担。最后只有让品性最老实的老师来完成工作。区里面组织的公开课，甚至找不到老师去讲。

面对这样的教师团队，我需要做的是提升教师们的职业素养。于是我对荔园小学的校情进行了调查研究。我收集整理了 57 位在任教师的个人履历，发现荔园小学的教师团队从履历表看来本该非常好的：教师队伍的平均年龄为 38 岁，正处于职业发展的黄金年龄阶段；教师的受教育经历好、学历较高，绝大多数老师拥有本科学历，其中还有 4 位老师有研究生学历；教师的从教经验较为丰富，学校拥有一批省市名师、名班主任、教学骨干等；教师的职称也普遍较高，中级以上职称的教师占 60％以上，学校还拥有一位小学副高职称的教师。我国的小学副高职称相当于副教授，因此是一般小学教师很难达到的职业高度。这样的教师队伍履历在全市乃至全省也是非常优秀的。

在这样一支本该十分优秀的教师队伍中出现的种种问题和怪现状，使我相信，荔园小学出现了中小学教师中常见的职业倦怠或职业枯竭问题。通常，教师的职业倦怠在心理上表现为丧失教书育人的热情、对教学活动的态度消极、对教师职业的价值评价下降等，在行为上表现为工作被动、对学生缺乏耐心、常常迟到或早退等。这些症状在荔园小学许多教师的身上都有所体现。学校的老师要求"以人为本"和"人性化"，但本质上看他们只是争取对教师的"以人为本"和"人性化"，而不考虑针对学生的"以人为本"和"人性化"。学生在校门口的追赶打闹是有很大安全隐患的，还会在不知不觉中养成野蛮粗鲁的行为习惯。而缺课不补最终则会耽误了学生。在校园内教师之间的冲突、教师和校长的冲突过程中，教师完全忽略了其工作对象——学生的需求。因此，可以得出结论：荔园小学的多数教师进入了典型的职业倦怠状态。

怎样理解荔园小学中的职业倦怠？有很多严谨的学术研究把主要关注点聚焦在引起职业倦怠的因素分析方面，其研究对象为职业倦怠者而非职业幸福者。我则反其道而行之，把关注点放在拥有职业幸福感的群体上。经过进一步的校园观察，我发现，在荔园小学中有小部分的教师是愿意主动"挑担子"的，尽管他们的年龄和工龄同其他老师相近。当荔园小学的大部分教师出现了不同程度的职业倦怠时，有几个教师却并不如此。

第一位老师是语文科组长，因为她主动向我请缨兼管图书馆。我去荔园小学之前，学校的图书馆有十多年一直没有开放。为什么没开放？

因为没有图书管理员。那些书全部封在图书馆里，乱七八糟的。在一所学校里，图书馆对学生是多么重要啊。我就在不同场合讨论这个事情，我说把资源闲置不好，希望老师们集思广益，尽快把图书馆开放了。过了几个星期，这位语文科组长来找到我，说她愿意兼职管理图书馆，不要报酬。因为语文是需要大量阅读的，她一直在专心倾听我的理念，她比较认同，所以她觉得应该做点事。在大家的共同努力下，图书馆开放了。我后来又了解到，她还是我们区的名班主任，她的教学水平也非常好，经常上公开课。事实上，在荔园小学这样的名校做学科组长，没有一点水平是不行的。也就是说，语文科组长的专业能力很强，经常获得职业成就。她还喜欢阅读，我们俩经常交换书来看。我给她推荐了桐华《那些回不去的年少时光》。这本书以一个学生的视角来写遇到的那些老师。我觉得这本书很好，看完我就推荐给她看。我推荐给她以后，她很认真地看，因此我发现她也喜欢阅读。

第二位没有出现职业倦怠的老师也是语文科组的骨干，区名师工作室的成员。她还是我们区教研室副主任带的一个徒弟。她一有机会就跟着她师父出去学习、听课等，因此视野非常开阔。她乐于上公开课，凡事比一般人要积极热心。她的家庭条件也很好，经常出去旅游。

第三位不倦怠的老师是当时的英语科组长，现在已经被提拔为我们学校的教务处副主任了。她是教英语的，曾经参加广州市的教师培训计划，在英国待了三个月。她的英语水平很好，经常出国去旅游。

另外，我们教导处的一位主任也不倦怠。她也是每年都出国，一到寒暑假就出国旅游。她常常提前半年就订好机票，满世界跑，每次都是带着电饭煲出去旅游。学校交代给她的事情，她都很严谨地完成。后来我就让她管理校长办公室的所有事务。我出差在外时，有什么事情要安排都是通过她。她一定会不折不扣地完成，一定不会让你失望。

我仔细分析，这些职业幸福感较高的老师有以下一些共性的特征。第一，专业水平比较高，能够获得周围人的认同，在职业生涯中充满了成就感。第二，爱好读书，阅读是一种生活方式。第三，热爱旅游，热衷于见识外面的世界。从对职业倦怠的逆向解释方式出发，我决定选择职业幸福感强的老师作为标杆来引领整个学校。

首先，我要学校营造出一种积极向上的文化氛围，极力表彰努力上进的教师。我把很多具有挑战性的任务，安排给那些职业倦怠感不明显的老师，同时号召大家协助他们完成这些任务。当任务完成时，我会在全体教师会议上、在校会上、在家长委员会每月的例会等场合上大力地表彰他们，在全体师生与家长中树立他们的良好形象。同时，我每年利用"教师节"这个特殊的节日，对各类考核优秀的教师进行表彰。并且，利用学校网页与微信群，宣传优秀教师的先进事迹。慢慢地，这类公开的表彰仪式多了，教师团队逐渐形成了一种争当优秀的氛围。之前对工作的懈怠风气，在某种程度上得到消解。大力地表彰先进，树立学习的典型，不但为学校和社会提供赞美他人的平台，而且会在听者观者心中确立起学习的楷模。另外，当代发达的通信技术，使微信等现代新传媒为赞美和激励提供了一种新的传达机制。有一位老教师在获得表彰的当天晚上，收到了很多家长、朋友的赞美，很多人在微信上为她点赞。这让这位从教几十年的老教师非常感触，已经很多年没有这样被人认可和赞扬了。

在树立先进学习标杆的过程中，我发现荔园小学的教师团队在看似已成惯性的日常散漫中蕴藏着巨大的潜能。如何把这些能量激活？我的做法是建立双向激励的机制，逐步建立和健全各项制度，激励教师在教书育人的事业中投入更大的热情。

于是，我很快组建了学校党支部，使党支部形成了成熟的支部生活制度；改选了学校工会的领导班子，成立了师生申诉委员会；还修订了学校《章程》，使学校管理有章可循。我力推对教师的多元评价，倡议并推动教师大会通过了《荔园小学奖励性绩效工资分配方案》《荔园小学教职工年度考核办法》《荔园小学班主任考核方案》《荔园小学副班主任考核方案》《荔园小学优秀骨干教师评选方案》，充分进行信息与理念的交流、学习也是团队建设中必不可少的环节。德国哲学家莱布尼茨说："唯有相互交流我们各自的才能，才能共同点燃我们的智慧之灯。"毫无疑问，组织内部和组织外部的交流相结合，可有效降低职业倦怠感、提升职业幸福感。其中，组织内部的交流为组织成员提供一种情绪宣泄和信息交换的渠道。在组织内部的交流中，以正面、积极的激励为主。

组织的正式仪式等也对激励教师有着积极的意义。反面、消极的案例也可以作为交流的内容，从而促进组织内部成员遵守职业伦理。在听取家长投诉补课影响孩子午餐的案例之后，我在全校教师大会上同教师共同做了反思：己所不欲勿施于人，师者当有父母心。不愿意施于自己孩子身上的措施怎可用于学生身上？不仅荔园小学中发生的典型事件，社会公共生活中发生的其他典型案例也经常在校内被讨论。

要使校内会议达到较好的交流目的，让教师们之间互相学习、互相吸收、互相影响，组织上需要有一定的技巧。荔园小学的教师会议、班主任交流会、骨干教师交流会、课题组会等大体可以分为两类：一类是务实的工作布置会，另一类是务虚的交流会。务虚的交流会不允许布置工作，而是就一些观点、现象、案例、经验等进行交流。务虚会议对于学习型组织的建设具有重要的意义。作为校长，我经常跟我们的老师交流；作为校长，每一次的讲话稿我也一定是亲自拟定，绝不假手于人。经过一段时间的宣讲，我发现我的教育观点和理念被越来越多人接受，之前的职业倦怠感正慢慢消失，教师团队建设呈现了一种越来越快速的发展势头。

此外，利用彼此之间的分享与交流来消除教师中的不良风气这一策略，不仅在学校之内实施。我还进一步拓展教师们的视野，引导他们走出狭隘的自我世界。荔园小学每年组织教师赴省内外其他知名小学学习。每年还会组织"游学团"，让老师和学生共同出去游学，师生共同增长见识。开始还对新的办学理念有抵触情绪的老师，在多次赴其他小学考察之后，逐渐认识到荔园小学的教学水平同行业内最高教学水平是有差距的，态度有了很大的转变。我还想办法返聘区内几位德高望重的退休教师，与老师们一起工作。在"老前辈"的引领下，老师们的工作热情很快提升了起来。

三、改革绩效分配制度

刚到荔园小学，普遍的脱岗现象和接近极端的事件，让我困惑了。我之前工作的石化小学，其师资队伍、硬件条件等各方面都不如荔园小学。石化小学的教师平均年龄达到 46 岁，没有一位教师的第一学历是本科或以上。教师来源复杂，部分来自幼儿园，部分来自中学、技工学校竞争上岗富余人员，部分来自厂内流动。真正来自师范教育的教师很少，教师的职称更是无法与荔园小学相比。但那里的老师的职业幸福感普遍较强。他们会相互配合，对教育教学工作有热情，工作的积极性和主动性比较令人满意。师生关系、干群关系、家校关系、与周边社区的关系都比较和谐，家长、社区对学校的支持度和满意度高，教育教学成效也比较显著。学校经常在区域中举办成果展示活动，得到了社会、家长及上级领导的认可。相比之下，荔园小学的这种教师生态是一种什么状况？如何改善呢？我的做法是改革教师绩效的分配制度。

在我到来之前，根据学校之前的惯例，教师的绩效分配同学生的考试成绩挂钩。因此，拖堂、补课成为教师提高其教学绩效的一个常见手段，而且教师往往不能把握适度原则。曾有学生家长向我投诉道："陈校长，我都想给我的孩子转学了。我的孩子中午被留下补课一直到下午一点多钟。老师在旁边吃着午饭。孩子回家跟我说，他闻着老师的饭好香啊，他觉得好饿，好想老师给他吃一点。"将心比心地想，孩子的早餐在七点左右，午餐却因为补课而拖到一点以后都吃不上，这该是一种多么痛苦的体验。而因此所带来的家校关系紧张、矛盾激烈也不可避免。有的家长习惯于动辄到学校指责老师，或群体上访，或在学校门口制造不良舆论，把学校描述成一所非常糟糕的学校，引起社会和其他家长的关注。对孩子班级的任课老师不满意的家长，则会用各种办法给学校施压，甚至不惜到政府上访，以达到更换老师的目的。这让学校里的老师们人人自危，失去职业尊严，哪里还有教书育人的动力可言。

要调动教师的积极性，我的重点是建立责任体系，改革绩效制度。我到荔园小学的第一年，就打破了年度考核"吃大锅饭、轮流坐庄"的做法。荔园小学的传统年度考核方法是"大锅饭"方法。比如说，我年纪大一点，今年把年度考核优秀指标给我，明年轮到你，后年轮到他。我到荔园小学的第一个学期，就请负责的同志把年度考核的结果打印给我看。我们只汇总了八年的数据，但是能够看出来，依次排下来，每个人都可以获得至少一次优秀。学校的岗位晋升也是论资排辈的，按照工龄、教龄、区龄、校龄来排的。在荔园小学工作的时间越长的老师越有优势。资历、辈分不够的老师，再努力、做得再好，都不可能在学校里面得到认可。2013年开始，我们实实在在地打破了"大锅饭"做法，让真正干得多、干得好的同志得到优秀的奖励。另外，根据区教育局的统一要求，荔园小学每年有人均2400元的预算用于绩效再分配。改革的结果是，有些老师可能只拿到一两百元，有的老师能拿到五六千元。2013年，有一位老师就拿了八千多元；2014年有几位老师的年终绩效一分钱都没有，最多的则拿到七千多元。所以，我们年终绩效奖励开始拉开了距离，真正体现了绩效考核的价值和意义。

当然，我们广州地区小学的中级职称教师的月工资普遍都是超过一万的。因此，不到一万块钱的绩效奖励其实对我们的老师来说反而只是一个荣誉。绩效奖励是拿来干什么的呢？主要用来树立一个单位的正气，让大家知道多付出就会得到肯定。绩效奖励不应该动到老师的命脉，伤到老师的生活质量。所以，我主张绩效奖励必须把握好度。激励因素不是说越多越好，强度越大越好。一定要在老师的容忍范围内。曾经有人提出，应该拿教师工资总额的70%来分配绩效。我不同意这种思路。如果那样，绝对会在学校内部引起非常激烈的矛盾。

还有一个问题，我们很多同志喜欢做数据游戏。有的单位确实绩效工资占的比例比较大。但是他们的做法是，按教师人均5000元的标准拿来做绩效分配，但是最后分配到每个教师的时候可能也就是拉开一两千元的距离。这样有意义吗？这样是起不到绩效激励的作用的。还不如按人均两千多元来做绩效分配，把每个人的绩效距离拉开一点。另外，我的观点是，所有的分配都是宜粗不宜细，越细就越难操作。分配制度要简单明了，粗线条、大条块。千万不要细到辅导一个学生多少钱、区级奖励多少钱、市级奖励多少钱，否则就会出现争执。做绩效分配方案的时候，凡是预见到有争执的地方，都要删除。而且，我坚持一点，能够区分出个人贡献的工作才可以体现在绩效分配方案中。比如，论文、公开课、课题研究、专题讲座等，就可以界定清楚是谁的绩效。哪怕有团队的支持和辅助，但是论文的作者和公开课的主讲教师作为团队核心做出了独特的贡献，这是没有争议的。学生的获奖就不是这个道理，要复杂得多了。教育是有特殊性的，比如今年一年级是教师甲教，明年到了二年级是教师乙教，学生上二年级时获得的奖励算谁的？能说教一年级的教师甲没有功劳？而且还有很多学生的家长出钱让学生参加校外辅导机构的。尽管是班上的学生，但不是校内老师辅导的。这也不能说清楚学生获得的奖项的功劳算谁的。之前我刚到荔园小学的时候，学生获的奖是被绩效方案认可的。因此，就出现一个很可笑的现象，一个学生获奖，后面要写一长串的辅导老师。我觉得这样把我们的老师都带坏了，反而让大家建立了锱铢必较的价值观，团队合作的可能性大大降低。而且如果是这样的一个导向，就会有一个可怕的问题出现，那就是有些老师可能会引导学生拼命在课外报校外的兴趣班、补习班，加重学生的学习负担，也违背了教育的规律。所以，在我们改革后的绩效方案里面，从来就没有把学生的获奖纳入绩效考核的范围。

2013年的绩效改革以后，就我的了解，老师们基本上还是对最终的分配结果心服口服。我们的绩效分配方案是经过大家反复讨论了再表决通过的。而且绩效材料都是公开的，大家都要晒出自己的材料。我们的分配制度一直坚持用数据说话、用事实说话，不用吵架，也不用论资排辈；尊重历史，有一点体现工龄和教龄，但是占最大比重的是职业成就。所以，老师们也明白，今年你努力了，你拿的绩效比我多，明年我努力了，我可能拿得比你多。而且我们也就是人均2400元的力度。这样一来，绩效拿得少的老师不至于往拿得多的老师那里堆仇恨。

改革以后，职业幸福感比较高的几个老师都拿到了优秀。比如，主动要求做图书馆管理员的语文科组长，年终考核就获得了"优秀"。此外有一位年轻的老师，本来是带一个实验班。后来，由于另外一位老师怀孕了要保胎，我们就跟这位带实验班的老师商量，请她同时带两个实验班的语文。这位老师二话没说就同意了。我们当年就把她的年终考核评为"优秀"。同时，学校任命这位老师担任年级组长，管一个年级。我去荔园小学之后，强化了年级组长的责任和权利。第二年，我们又给这位老师评了"年度优秀"。校领导班子希望以此给教师们传递一个信息，希望老师们认识到，只要肯努力，就会有机会得到肯定。而且，黄埔区有规定，年度考核连续三年得到"优秀"等级的话，就可以申报区级三等功。三等功是区级荣誉，比教育系统的奖励高很多。政府的嘉奖之上就是立功，这个三等功比嘉奖的级别还要高。因此，这位老师已经连续两次获得年度优秀了。由于她是年级组长，很快带好了一个年级，第三年，她因此又被评为"优秀"等级。但是，区三等功也是有名额限制的。连续三年年度考核获得优秀也仅仅是取得了报三等功的一个基本条件，上报以后还会进行进一步评估的。区政府在衡量的时候，整个教育系统只有两三个名额，而教育系统里面非常优秀的同志还是很多的。我是黄埔区的老校长，就出面去帮这位老师争取这个三等功。我跟领导汇报我们荔园小学面临的情况，讲我面临的困难和学校今后的发展方向。我就是想通过这位老师给全校老师立一个标杆，让大家知道努力就会得到认可。后来，在我们的坚持下，区政府授予这位老师三等功的荣誉。

老师获得了荣誉之后，我们都会在学校门口的大电子显示屏上展示，向社会做宣传。这样一来，下一次调整分工的时候肯定会有很多家长选这些老师来教自己的孩子。根据我的理解，教师的职业成就感和职业幸福感不一定是自己产生的。当然，由内而外地形成职业成就感和职业幸福感是最理想的情况，特殊情况下我们也可以由外而内地激发职业成就感。带实验班的这位老师就是这样的一个例子。通过她自己的努力，能够一直向上，能够获得区三等功。这样一来，老师们可以看到，事业是有发展的、有前途的，而不是总看到事业天花板。外人可能不知道，荔园小学的高级职称是很难评的，大多数老师一评上小副高之后就想"已经到顶了，没有奔头了"。多数老师甚至都没法参评小副高，所以小学老师很容易就出现那种"没有奔头"的感觉。我要想办法让大家觉得还有奔头。

荔园小学正努力倡导"专业成就尊严"这样一种工作状态。通过校长以身作则，通过学校职业幸福感比较强的一些老师的带动，整个学校的风气好了起来，老师们的倦怠现象有了明显的缓解。每个人都各尽所能，各展所长，整个团队无不可用之人。我认为，每个人都是不一样的，但每个人都渴望被尊重和认可。每个人都有优点和长处，同时不可避免地有缺点和短处。我们如果只看缺点和短处，那这个人就一无是处的；如果我们用的是他的长处和优点，那么他的长处会越来越突出，优点会越来越多。

作为一名教育工作者，一个引导学校向前的校长，我常常思考两个问题：什么才是最有价值的东西？我们如何赋予孩子的学习生涯更多有价值的东西？我希望孩子能像我们小时候那样快乐地学习，健康地成长，成为一个积极上进、慈悲善良、懂得负责、幸福快乐的人。我希望能通过各种方式让孩子体验被爱的温暖、体验求知的快乐、体验成长的幸福。我希望通过专业的育人技巧，启发孩子们对知识的感悟和对学习的热爱。我希望通过各种活动打造充满激情、充满活力的校园生态环境，让孩子们在活动中感悟生活、感受美好，享受学习的快乐。儿童的成长环境，应该是自由的、舒适的，既有阳光雨露，也有犯错空间。只有这样，才能帮助孩子成长为充当栋梁的参天大树。有人说，学校生活留给学生记忆中，应该有许多是超越了知识自身的美好的东西。这些美好的东西越多，这所学校就越好。或者说，衡量一所学校好与不好的标准是学校留给学生的记忆的深浅、长短和好坏，而不是知识的多少。我赞同这种说法，也要用行动来实践这种说法。

从小时候感受到学校的快乐、老师的关怀，到入职前后系统的理论与实践学习，我最终于认同雅斯贝尔斯对教育本质的阐述：教育就是生成，是对灵魂成长的培育，是对精神进行拓展之要务，是对人之所以成为人之本质存在的关怀。我是"真教育"的信仰者，并会用一生去践行"真教育"。

图 1-3　让生命因教育而精彩

第二章

我的教育观

雅斯贝尔斯站在生存哲学的高度指出："通过教育使具有天资的人，自己选择决定成为什么样的人以及自己把握安身立命之根。……在学习中，只有被灵魂所接受的东西才会成为精神瑰宝，而其他含混晦暗的东西则根本不能进入灵魂中而被理解。"①我深信，要真正成为孩子精神成长的启引者，必得要在实践中怀着一颗悲悯的真心、善心，关注每一个孩子的学习和生活处境，关怀每一位教师的职业生活状态，淬炼真我，率先垂范，与教育场景中的每一个体，勠力同心，不为当下社会急躁的功利主义而放逐灵魂，不让学生仅仅沦为换取生存权利的信息收集站，忘却知识之于人的真正意义，不令教师丧失专业的尊严与权威，仅成为传授知识的工具。

　　美国教育者提出"让每一个孩子的成长需要都得到满足"的目标，英国教育界也宣扬"每一个孩子都重要"的理念。我觉得这才是真正的以人为本，是真正的悲悯。真正有悲悯之心的教育工作者有一个信仰，那就是每一个孩子都重要。"真教育"从理性之爱出发，关注每一个孩子的精神成长，为当下的教育实践赋予悲悯之心。作为一名教育工作者，我认为这就是我感到幸福的最大原因。

---

　　① ［德］雅斯贝尔斯：《什么是教育》，5页，北京，生活·读书·新知三联书店，1991。

第一节　守护信仰　关怀现实

一、"真教育者"的情怀

在当代，科技飞速发展。要让我们的思想与行动跟得上时代的步伐，就得走出舒适区，勇敢迎接挑战。面对汹涌而至的教育改革浪潮，我经常会思考以下问题：教育的本质到底是什么？我们应该教给孩子什么样的东西？作为引导下一代在这个日新月异的社会成长立足的专业工作者，面对多元的价值观，如何守护自己的教育信仰，并用这种信仰来关怀当下的教育现实？

成长的经验和从教以来的经历都让我明白，童年时期，生活就是学习，学习融于生活。在这个阶段的孩子如果享有充分的自由，拥有广阔的空间去尝试、去探索、去思考，甚至去犯错，对于唤醒他的灵魂、拓展他的精神空间，非常重要。唯有在如此的环境中，人才得以长成真正的人。唯有这样的教育，才能培育出独立自主的人。因此，教育的本质，是要唤醒孩子心中的善，使他们的精神得以舒展，灵魂得以自由。教育工作，就是用一棵树去摇动另一棵树，用一朵云去触动另一朵云，用细腻饱满的精神去润泽孩子的精神空间。这是我基于自身经历逐渐沉淀形成的信仰。我认为，一个"真教育者"，应该有这样的信仰，并且懂得用这样的信仰来关怀现实，守护每一颗童心，使其绽放出精彩与灿烂。

怀着这样的信仰，我走进教育实践。理性与情怀都告诉我，基础教育阶段的学校，应该是一所精致的现代化学校，一所充满爱与温暖的学校，一所面向全体，促进孩子全面发展的高品质学校。基础教育阶段就是引导孩子形成可以促进终身发展的好个性，为以后创建属于自己的幸福人生打基础。"条条大路通罗马"，只要我们能够给孩子提供适合他的教育，每一个孩子都能成为最好的自己，也都能成为有用之才。所以，教育应该把每一个孩子培育成一个独具个性的人，使他们基于自身的天性与天赋，最终成长为一个精神饱满又独立、追寻灵魂自由的真我。"真教育"就应该担负起把每个孩子培育成独特真我的任务。

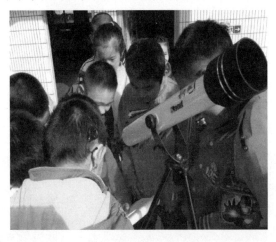

图 2-1　学校教育赋予孩子学习时光更多价值

　　要成为"真教育者"，我认为教育工作者首先要成为有理想、有信念、有信仰的"真人"。他自身的灵魂是舒展的，精神是自由的，追求是高远的，品质是纯洁的，举止是高雅的。他就用自己的精神和言行特质，言传身教，率先垂范，影响着身边的每一个人。只有这样的人，才堪称"真教育者"。

　　回顾我已经走过的多年的教育生涯，如果让我来给自己已做的和未做的工作一个定位，那么，我希望自己是一名"真教育者"。我对"真教育"理想怀有热切的向往，对"真教育者"有着具体的理解。

　　"真教育者"是具有广阔视野和扎实学识的教育者。这里的视野是指教育者能够站在更为高远的视角来观照社会发展和人的成长，扎实的学识既包括深厚的教育理论知识，也包括精湛的教学专业技能。教育家卢梭说："误用光阴比虚掷光阴损失更大，教育错了的儿童比未受教育的儿童离智慧更远。"观照当代中国教育的现实，我备感忧虑：学生学得痛苦，家长看得焦虑，教师日渐倦怠，根除教育沉疴宿疾的社会呼声一浪超越一浪。仅仅 2014—2015 学年，留学美国接受高等教育的中国学生就达 30.4 万人，占美国留学生总数的 31.2%。2012 年，我曾就这个问题，毫不客气地对美国驻广州领事馆的官员说："这是赤裸裸的掠夺！而且不仅是资本的掠夺，更是人才的掠夺！"为什么我们的教育如此让人嫌弃，让人诟病？我想，这或许与我们教师队伍的教育理论素养及专业技能不足有关。说到这个问题，可能很多人都不服气：我们的老师学历越来越高，职称越来越高，论文、课题越来越多，怎么可能水平不够？原因很简单，我们走得太远，以至于忘记了当初为了什么而出发。我们忘记了教育的初心和教育的本质，不能理解教育的规律。很多教师，甚至是名师，一说到教学就只想到学科知识的传递，一提到课堂就只想到教室，一听到教学质量就只想到考试、分数和排名。我们把教材当作了整个世界，而不是把世界当作教材。

教育家陶行知先生说："一般的学校把儿童的时间排得满满的。各种考试使得儿童没有时间去接触自然和社会，结果就使得儿童失去学习人生的机会，形成无意创造的倾向，到成人时，即使有时间，也不知道怎样去发挥其创造力。""必须反对鸟笼式的学校，反对导致儿童营养缺乏的教科书。只有解放了儿童的空间，才能搜集丰富的资料，扩大认识的眼界，以发挥其内在之创造力。"①看看我们当下教育实践，很多孩子就是在鸟笼式的学校，长时间地咀嚼着缺乏营养的教科书。面对日益开放与复杂的世界，这样的状况，怎不叫人忧虑呢？

心理学家做过一个实验：把一窝刚出生的小白鼠随机分成两组，一只住单间，仅为其提供食物；另外的几只住在一起，里面有滑梯、平衡木等玩具。过一段时间后发现，住单间的小白鼠学东西特别慢，而群居的有丰富成长环境的小白鼠特别灵活，应变能力强。解剖发现，在贫乏环境中成长起来的小白鼠，神经系统网络及神经元之间的联系比在复杂环境中成长起来的小白鼠简单得多。类似的研究还有加拿大基尔大学。

---

① 陶行知：《中国教育的觉醒》，365 页，北京，群言出版社，2016。

研究人员发现一种名为红腹灰雀的鸟有"城乡差别"，在城市生活的鸟比它们的农村"老乡"生存能力更强。在城市里生活的鸟不仅比乡村鸟有更强的创新解决问题能力，免疫力也更强。这也印证了之前的一些研究：生活在城市的两种老鼠的脑容量比乡村同胞的多 6%。这些研究都表明，丰富的成长环境会促进大脑的发育。因此，鸟笼式的学校，封闭性的环境，会对孩子的生长发育造成不可逆转的后果。顾明远先生提出了"学生成长在活动中"的教育主张，认为学生的成长并不单单是依靠教师的言行说教，而更重要的是依靠学生自己的活动。

"真教育者"要顺应学生的天性，引导学生在活动中学习，在生活中成长，就要站得更高，看得更远。从未来社会对人的要求出发，结合人的个性天赋，引领学生走出自己的一片天地。所以，我们教师应该拥有扎实的学识。除了有专深的学科知识以外，还要有扎实的教育学、心理学的专业知识，要理解教育的本质和规律。因为我们所有的教育教学行为，都是基于对教育本质和规律的理解和把握，理解得是否准确，把握得是否到位，都直接关系到教育教学的效果。

"真教育者"是教育理想信念的追求者和实践者。最近大家都在谈"中国梦"，这其实就是指对理想信念的不懈追求。在中华民族的伟大复兴这个宏大的民族梦中，作为个体的教育工作者，应该有具体的教育梦，也就是对教育要有坚定的理想和信念。党的十八大提出"要努力办好人民满意的教育"这一目标，要求我们的教育更好地为经济社会服务。"真教育者"需要对自己的"中国梦"作具体化的追求。我和我的团队的"中国梦"就是要将荔园小学办成一所"家门口的好学校"。什么样的学校是"家门口的好学校"呢？首先要让服务区的群众以孩子在荔园小学就读为荣，让家长不用为孩子的读书问题而满心焦虑，不用四处奔波找所谓的优质教育资源。让孩子在家门口就可以享受到理想的教育，进而拥有充满希望的未来。教育是重要的民生工程，是衡量政府、社会文明的标志之一。群众对政府提供的公共服务满意，自然会拥护政府，热爱这个社会。这样社会才能真正和谐稳定。

　　"真教育者"在追求教育理想的同时，懂得把理念具体化为关怀教育对象的点滴行为。例如，针对现在孩子缺少睡眠以至影响健康的沉痛现实，我努力把荔园小学办成家门口的学校。我的目的就是让孩子可以就近上学，不用把宝贵的时间浪费在上学的路上，想让孩子们每天至少可以多睡半小时。我看到一则研究，说目前中国的孩子睡眠时间严重不足，平均时长不足七小时，双休日也仅多半小时。这着实令我感到心痛。因为睡眠不足会导致严重的健康问题，影响大脑发育。

　　由于睡眠和体育锻炼不足而带来的问题其实在我国已经很严重了。我国 2014 年发布的征兵标准不是提高了，而是降低了，说明我们国民的身体素质普遍降低。国家体育总局发布的《2014 年国民体质监测公报》也说明了这个问题。而且现在我们近视的青少年特别多。我曾经去国内一所著名的高中听高三的语文课，发现班上 39 个孩子，只有13 个没戴眼镜。后来和上课老师交流的时候，他告诉我这 13 个孩子中还有的是戴了隐形眼镜，只有那几个爱打篮球的孩子没近视。2015年我去参观英国的学校，发现五百多学生的学校，戴眼镜的孩子寥寥无几，有些高年级的班上二十几个孩子，没有一个是戴眼镜的，当时我很惊讶。

　　目前国际上认可的预防近视的唯一方法是户外活动。而我们的学生由于学业的压力、安全的压力导致户外活动严重不足，再加上睡眠不足和电视、手机、平板电脑的普及等，孩子视力下降是一个必然的结果。2010 年，国家体育总局的《国民体质监测公报》显示，中国小学生近视患病率为 31.67％，初中生为 58.07％，高中生为 76.02％。到 2015 年，教育部发布的《2014 年全国学生体质与健康调研结果》显示，中国小学生视力不良检出率达到 45.71％，初中生达到 74.36％，高中生达到 83.28％。

　　我很想把荔园小学办成家门口的好学校，还有另一个目的，就是培养孩子的独立性，减少家长的忧虑。我想孩子自己上学放学，就可以减少家长和孩子因为赶时间而带来的焦虑感，减少家长接送的麻烦，减少交通意外的风险。孩子们放学后可以和自己的同学、邻居在小区中玩耍，建立一个安全的交际圈，体验合作、交流与分享。

追求"真教育"理想，具体在我们的实践中，就是努力让孩子们在荔园小学学习的时光，成为他们人生当中一段温暖而美好的记忆。让孩子通过在荔园小学的学习，成为一个内心世界丰富的人，真诚、善良、健康、快乐。希望孩子们长大以后"穷则独善其身"，尽量不给别人添麻烦，不做精致的利己主义者，不会为了自身获利而去伤害别人、伤害社会；"达则兼济天下"，尽所能助他人，让世界变得更加美好。

每一个"真教育者"都应该建立起这样一个观念：尽量提供给每一个孩子适合他的教育，激发出他对自我价值的认识，建立起他对自己拥有才智的自信心，丰盈他们精神成长的内驱力，帮助每一个孩子获得成功。这既是我对"真教育者"的理解，也是我们荔园小学校园文化的核心，是我们教师团队的信念，体现了我们对教育和人的本质的看法。美国麻省理工学院的埃德加·沙因教授认为：学校文化应保留"更深层次的基本假设、价值观和信念"，这些因素为学校成员所共享，并认为是能保证学校不断取得成功的当然因素。这里所说的"更深层次的基本假设、价值观和信念"，就是教育者的理想和信念。我希望荔园小学能够凝聚起这样的价值观。

图 2-2　让每一个孩子的成长需要都得到满足

"真教育者"是高尚职业道德情操的示范者。小学生天然的向师性决定了小学教师自身必须是高尚职业道德情操的示范者，唯有如此，才能培育出民族未来之希望。习近平总书记说："老师对学生的影响，离不开老师的学识和能力，更离不开老师为人处世、于国于民、于公于私所持的价值观。一个老师如果在是非、曲直、善恶、义利、得失等方面老出问题，怎么能担起立德树人的责任？广大教师必须率先垂范、以身作则，引导和帮助学生把握好人生方向，特别是引导和帮助青少年学生扣好人生的第一粒扣子。"①所以，教育界应该造就一支有高尚的道德情操的教师队伍，在给予教师应有的尊重和体面的收入的同时，对教师职业的高尚性和纯洁性要有较高的要求。要通过激励因素的科学运用，激发教师自我发展的内驱力，使其主动发展，成为具有高尚职业道德的人。

美国著名教育心理学家吉诺特博士曾经说过："For better or for worse."他的意思是，作为一位教师，他（她）要么是帮助人，要么就是伤害人。他在文章中写道："在经历了若干年的教师工作之后，我得到一个令人惶恐的结论：教学的成功和失败，我是决定性因素。我个人采用的方法和每天的情绪是造成学习气氛和情景的主因。身为教师，我具有极大的力量，能够让孩子们活得愉快或悲惨。我可以是制造痛苦的工具，也可能是启发灵感的媒介；我能让人丢脸，也能叫人开心；我能伤人，也能救人。无论在任何情况下，一场危机之恶化或解除，儿童是否受到感化，全部取决于我。"②经济合作与发展组织（OECD）在2002年曾提到：教师是影响学校教育质量的关键因素，并直接决定着教育的成败。这一点，无论如何强调都不过分。"有好的教师，才有好的教育。"好教师的两个核心要素是好观念和好技术，而两者之中好观念更重

---

① 习近平：《做党和人民满意的好老师——同北京师范大学师生代表座谈时的讲话》，载《人民日报》，2014-09-10。

② ［美］吉诺特：《老师怎样和学生说话》，1页，海口，海南出版社，2003。

要，因为"观念决定行为"。所以，高尚的道德观，对于良好的道德行为，具有引领作用。

二、拒绝残缺的教育

朱自清先生在《教育的信仰》这篇文章中写道："我总觉得'为学'与'做人'，应当并重，如人的两足应当一样长一般。现在一般号称贤明的教育者，却因为求功利的缘故，太重视学业这一面了，便忽略了那一面；于是便成了跛的教育了。跛的教育是不能行远的，正如跛的人不能行远一样。功利是好的，但是我们总该还有超乎功利以上的事，这便是要做一个堂堂的人！学生们入学校，一面固是'求学'，一面也是学做人。一般人似未知此义，他们只晓得学生应该'求学'罢了！这实是一个很重要的误会，而在教育者，尤其如是。"[①]这一段话，道出了教育的一个终极目标，就是要教会孩子"做一个堂堂的人"。毕竟，教育的目的是要提高人的素质，让人更好地适应社会进而改造社会。因此，在发展孩子智力的同时，不能忘记同步发展其情感、态度、价值观这些非智力因素。

"为学"与"做人"，就像人的两条腿，缺一不可，否则，我们给孩子们提供的教育，就是跛脚的教育，是残缺的教育，最终培养出来的是有缺陷的人。人的发展可以分为若干阶段，但我们教育者不能是"铁路警察各管一段"，只为眼下这一阶段服务而不顾其他阶段。基础教育是奠基性的教育，是孩子成功的基石。基础教育的"基础"是什么？是知识，是能力，是德性，是品质，是健康，是习惯。概括以言之，就是修习涵养，即素养。从爱出发，让孩子们学会感受爱、珍惜爱并付出爱；从爱出发，给孩子一个快乐的童年，给人生一个坚实的起步，夯实孩子做人的基础、走向社会的基础、学习力的基础。唯其如此，我们的教育才是

---

① 朱自清：《教育的信仰》，见《朱自清全集》第四卷，1306～1307 页，吉林，时代文艺出版社，2000。

全面的教育、成功的教育。反其道而行之，就是"跛脚"的教育、失败的教育。

　　小学教师必须要意识到，关注孩子良好习惯和美好品性的养成，远比关注分数更重要。因为学业知识可以通过自己的努力去弥补，坏习惯坏品性一旦形成，则像在体内养了一条蛀虫，会导致当下直至将来的生活千疮百孔。我们常常执着于孩子一分两分的进步，却忘记了孩子学习和成长的规律，忘记了有良好习惯和品性的人，才会有持续的成长和进步。从教近三十年了，我从没见过一个行为举止野蛮粗鲁但学业发展很好的孩子。相反，即便有的"熊孩子"在老师和家长的暂时高压之下，考出比较好的分数，也不可能持久。一旦脱离老师和家长的监管，他的成绩就常常出现崩塌式的下滑，甚至会颠覆前面所有的努力。媒体常报道一些考进名牌大学的孩子，因为种种原因读不下去，着实令人痛心。依我看，出现这种情况的最根本原因，就是从小没有养成良好的行为习惯和道德品格。这些虽然是极端的例子，但却值得我们深思。童年家庭生活的差别，基础教育阶段的不同，造就出来的人是不一样的：是让孩子带着宽容、自信、阳光的品性走出社会，还是让他携着阴暗、冷漠、自私的阴影踏上旅途，其人生会完全不同。从这个意义上说，我们给予孩子的教育是怎么样的，其实就是赋予了他怎么样的人生。

　　遗憾的是，据我个人的观察，我们当前的教育多少有一点"跛脚"。当然，这种"跛脚"现状同我们当前的社会心理状态是分不开的。在这样的功利、焦虑的社会氛围中，孩子们失去了学会关心他人、学会尊重他人、学会回报社会的机会。他们的物质生活不可谓不丰富，精神世界却空空如也。这种意识形态体现在教育上，常常表现为以分数论成败，大量培养"读书机器"而非创新型人才。学校俨然成为一个个"生产车间"。在这里，情感的需求被压抑。这样的学校正在批量生产同一型号、同一款式的"产品"，对学生的教育强调的是共性而泯灭了个性，是听话乖巧而不是富有个人魅力。所以，一旦有孩子表现出与众不同则会被打上

"异常"的标签，被轻慢或歧视，甚至被排斥，从而对孩子的心理发育产生巨大的影响，使孩子走上"破罐子破摔"的成长道路。又或者，孩子们在老师、家长的操控下，完全失去了独立自主、主动学习和自我锻炼的机会。学习的兴趣和动力完全靠功利的目标去维系，教育激发人性良善的一面被彻底否定。孩子因恶性行为刺激而导致心理异常脆弱并养成许多坏的习惯，如说谎、言谈举止粗鲁、考虑问题偏激、不相信别人、动则歇斯底里等。孩子在一个被控制、被歧视的环境下成长，完全无法体会到来自周围人群的关心和爱护。为了自我保护，也为了继续在这个环境中立足，孩子自然会采用一些极端的方式去引起别人的注意。这些行为反复出现，无法得到及时的矫正，慢慢地就会成为习惯，进而形成不好的性格，并对其一生造成巨大的影响。

很多家长不懂这些道理，急于让孩子快速成长、超越别人，急于让孩子成为优秀的人，但给孩子提供的却是与目标背道而驰的反教育环境和行为，这不能说不是一种悲哀。很多年前，我到工作的中学办理调动手续，目睹了一个正在复读的孩子从六楼一跃而下，结束了年轻的生命。这个画面困扰了我很多年，也让我在平时的工作中时时警醒。我认为做教育的人一定要有职业信念和良心。因为我们面对的是一个个独一无二的生命，是把全部信任交付给我们的家长，是全身心信赖我们的孩子。我常常和孩子们说："条条大路通罗马，学习是为了让自己变得更好，将来成为对社会有用的人，所以你尽了力就好。读书不是读教材，不是我们把教材背会然后考试得高分就叫作学得好；老师们教书也不是在教教材，不是把课本里的知识灌输到同学们的大脑里就叫作完成了教育教学任务。"教师需要有高尚职业道德信念，乍一看似乎高远缥缈，然而它就是这样如水滴石穿一般，影响着我们的教育行为和孩子的成长。

"真教育者"会设法让学生觉得学习是一件快乐的事情，求知是美妙的，丰富的精神生活是令人羡慕和向往的。学校教育本来的目的就是让孩子感受美好童年，形成最具发展潜力的好个性。所以我反对把所有的时间都花在学习对升学有用的知识，把绝大部分的精力耗费在应对考试上。我认为，任何内容和形式的学习，都可能让孩子思想逐渐变得深刻，视野逐渐变得开阔，阅历逐渐变得丰富。我们一定要放手，让他们在多种可能中尝试，给他们犯错的机会。这样当他在面临人生选择的时候所做出的价值判断就会更加准确，他们的人生才不会在后悔和懊恼中度过。

图 2-3　让孩子们的童年充满爱与温暖

第二节　培育真我　率先垂范

一、活出真性情

雅斯贝尔斯指出："真正的教育总是要靠那些不断自我教育以不断超越的教育家才得以实现。他们在与人的交往中不停地付出、倾听，严格遵守理想和唤醒他人的信念，以学习的方法和传授丰富内容的方式找到一条不为别人所钳制的路径。"①

回顾往昔，发现自成为教师的岁月伊始，我就有意无意地要求自己：保持对教育的激情，做个真人，活出真我。于是，在实践中，我真诚地待人接物，真诚地面对学生、家长、同事、领导，怀着感恩的心，善良的意，率真地工作和生活。我快乐地用劳动来回馈生我育我的父母、教我导我的师长、引导我启发我的同事、给予我发展的社会平台。自"真教育"理念成为我的信仰后，我明确地感受到，教育中的人，无论老师抑或学生，都是这个文化场域中的真实存在者，他们彼此之间应该是自由地汲取营养并互助成长的人。教育需要驱除陈旧规则的束缚，破除封闭的交往空间，营造自由而民主的文化环境，让身处其中的每个人，都纯真地生活，专注地学习成长，率真地相处分享。唯此，"真教育"才得以实现。基于此，我在实践中勇于担纲，敢于承责，淬炼修养，培育真我，决意做一个"靠不断自我教育以不断地超越的教育者"，力争成为身边人学习模仿的对象。

我以自己的真性情与学生交往，目的是用真诚去培育真诚，用坦率去呼唤坦率，用单纯去回应单纯，用真我去唤醒真我。我喜欢与学生一起聊天，倾听他们的快乐和苦恼。基于这些真实的信息，我对教育、教师、教学等，有更多深远的思考。这种有意无意的思考使我保持了对教育的激情，对孩童纯洁世界的景仰，它促我在反思中成长，以发现更辽阔的视界。

曾有一个二年级的小姑娘，性格很像男孩子，很开朗很可爱。有一天中午，我像往常一样站在校门口迎接孩子们。她告诉我中午掉了一颗牙，然后还张大了嘴巴给我看。我就跟她开玩笑说她变成老掉牙了，她很生气地走了。我看见她生着气离开，也觉得自己玩笑开得有点过。第二天早上，我在她来上学时，亲了她一下，然后小家伙就开心地走了。

---

① ［德］雅斯贝尔斯：《什么是教育》，50 页，北京，生活·读书·新知三联书店，1991。

后来，她在烘焙课上烤好了面包，还特意送来给我，让我感受到童心的纯真和无价。

作为校长，我每天都在琢磨一件事情：怎样让孩子们觉得学校是一个有趣又好玩的地方。我总在想，首先，受孩子欢迎的学校，应该是充满安全感的学校，孩子在其中能够快乐地嬉戏，无拘无束地玩耍，安心地发展自我。于是，我就用自己的言行关注、关爱孩子，力求让每一个与我接触的孩子感受到学校的温馨，如我小时候一样，感受到"真教育"的温暖。

有一天我和一个女孩子聊天，得知她的爸爸离婚之后再婚，不久就给她添了个同父异母的弟弟。虽然她是小孩子，但是我看得出来她对弟弟出生这件事还是有一些失落和茫然无措的。我告诉她后妈也是妈妈，弟弟跟她有血缘关系，以后等爸爸妈妈都老了，她可以和弟弟相依相伴、相互扶持。另外，她有一个爸爸两个妈妈，比别人多了一份爱。她听了就释然了。

爱与交流的行为是人的天性中的重要一维。与孩子们的交流，让我感受到被干净纯洁地需要的快乐。我总觉得，幸福就在于生命的单纯和精神的丰富。孩子的世界是单纯无瑕的，他们在生活中往往更真实，因此也更快乐。做教师的幸福就在于我们常常和这么清澈纯净的生命在一起，不需要掩饰，不需要揣测，不需要患得患失，可以活得真实自在，活出真我。

有个一年级的小男孩，天天都要在校门口扑上来跟我拥抱一下。有时我忙起来没空，他就会静静地站在旁边，或者扑到我怀里撒一下娇，然后才跑开。

我认为，好的教师是孩子的守护者和陪伴者，教师这一事业因为守护和陪伴而幸福。有人说，每一个成年人身上都会有童年生活的烙印。我感觉到，作为一名平凡的教育者的我，能够参与许多孩子的童年生活，见证他们简单的幸福，而我自己也在这个过程中，感受到生命的暖意，这是多么美妙的事情呀。"真教育"的践行者，在与学生的点滴互动中，能以真诚的态度，尊重孩子，使彼此活出真我，活得坦然。

二、蹲下身子看孩子

教育者在与人互动的过程中，展现出来的率真人性、真诚态度、坦然心态，就是最好的教育。人们说：好的校长是老师的老师。我的理解是，好的校长不一定在教学技术上超越老师，但一定要在教育思想、理念、为人处事的态度和方法、人格等方面做老师们的榜样。我认为最好的领导莫过于示范。作为校长，我要以身作则，凡事率先垂范：想要学生成为怎样的人，自己现在就给他们做个榜样；希望教师如何对待岗位职责，如何对待学生，自己现实中就得做出示范。

就人的成长发展而言，在小学教育阶段，也就是人的儿童期，孩子的主要学习特点是观察和模仿。在家庭观察模仿父母、在学校观察模仿老师同学、在社会观察模仿接触到的人。教师是孩子童年旅程的参与者，得到他们全身心的依恋和信赖。作为校长，在与学生互动过程中，我深深地感受到，这种依恋和信赖之情，是如何的深切，令人感到温馨之余，以至于不忍辜负。唯一能做的，就是为这种依恋和信赖做出表率：如何去做一个真诚的人、一个温暖他人的人、一个让别人因我的存在而感到幸福的人。

身为老师的我们，很容易滥用权威，以至于出现反教育行为。有些老师动不动就以指导者、批评者的面孔与角色和学生打交道，缺乏倾听的耐心和共情的心态，与孩子互动时，很少站在孩子的立场思考问题。深入孩子生活、与他们一起感受成长的快乐与苦恼的老师就更是少之又少了。作为"真教育"的践行者，我时刻告诫自己，要"蹲下身子看孩子"，以温馨的言行与他们交流，尽量以同理心解读孩子，希望对他们的需求和体验能感同身受，以童真的视角去设计适合他们的教育。

我常常在大课间时间到班级队伍后面陪孩子们一起做操。刚开始我也不会做，就虚心地拜几个孩子为师，请他们在课间或放学后到我的办

公室帮我"补课"。我告诉他们"能者为师"的道理，真诚地称呼他们为
"小老师"，还在全校大会上郑重地感谢他们。这让孩子们备感光荣，做
起操来也更认真了。其他的孩子也受到感染，总体做操水平都得到了提
升。有一次我和二年级的孩子们一起做操，发现一个女孩子特别认真，
小模样很可爱，就看了一下她缝在胸口的名字，故意问她的名字的读
音。小家伙瞥了我一眼，骄傲地把读音告诉我，惹得周边的同学都笑
了，她自己也得意地笑了起来。我从她的笑声中听出了她的自信和
满足。

　　我们总是感觉自己很累，唯独没有想到，当下的孩子比我们更累。
我每周都会到六年级的每个班上一节课，下课时就在走廊等学生出来，
顺便用这个时间跟一些孩子聊天。有一次，我和一个六年级的孩子说：
"我今天下午站了两节课，好累啊，脚好疼啊！"他马上回应说："我今天
坐了六节课，我也好累啊，屁股好疼啊！"旁边的孩子哄堂大笑，觉得他
很机智地辩倒了陈校长，很厉害。我也忍不住笑弯了腰。

图 2-4 蹲下身子看孩子

49

　　我本人很爱孩子，我跟他们在一起很快乐。同时，我要给孩子们带来安全感。我每天都笑嘻嘻地对着他们，哪怕那天我不舒服也都是笑嘻嘻地对着他们。我主动地和孩子们打招呼问好，绝不是等着他们先来跟我问好。其实我是想带给他们安全感，让他们觉得来学校很安逸很舒服，同时让他们从心理上感到受欢迎、被尊重并因此而带来愉悦的情感体验，让他们每天的校园生活有个愉快的开始。

　　除了以和蔼的面容、温暖的话语来影响学生之外，我还会及时把握教育契机，引导学生：当发生问题时，要敢于面对，勇于负责，要懂得求助别人，积极想办法解决问题，从小学习做一个勇于负责的人。

　　有一次，两个五年级的小孩，小明和小伟放学后在学校门口的花园里面追逐玩耍，不小心把灯柱子碰倒了，被小区居民扣住要求赔偿。孩子们很害怕，但知道回学校去找老师想办法。我刚好在学校，就去协调，给大家道了歉，也马上安排学校总务处的同事找维修人员来处理，以免因为电线裸露而造成危险。然后，我教育小孩子玩的时候一定要注意安全，尽量不要给别人添麻烦，要有承担错误的勇气，懂得"感恩心做人，责任心做事"。在消除了孩子恐惧心理的状态下教育孩子，效果是最好的。孩子还主动向自己的家长做了汇报。之后，我也再没有跟他们提过这个事。我想尽量把这个事情淡化，不要给他的人生留下什么痕迹，因为这对他们来说是一个痛苦的经历。

　　小明和小伟在小区发生的这件事，可能在大人看来是一件比芝麻绿豆大一点儿的小事。但是，从孩子的视角来看，被一群大人围住指责简直就是很恐怖的一件大事，所以小明才会吓得哇哇大哭。我们做小学教育的，必须蹲下身子来看孩子，要保护好他们。苏霍姆林斯基说过："要像对待荷叶上的露珠一样，小心翼翼地保护学生幼小的心灵。晶莹剔透的露珠是美丽可爱的，又是脆弱的，一不小心露珠就会摔碎，就不复存在。"

　　我经常跟老师们讲，陪伴式的守护是最好的教育方式。陪伴孩子成长，给他安全感，教会他怎么去处理问题。这个陪伴很重要，让他觉得有爱，有温暖，在情感方面有交流。在陪伴的同时还要守护他，让他不受伤害，有困难的时候能够去帮助他，不要让他觉得孤独。这种陪伴、守护对所有的孩子来说都是需要的。作为教师，能够陪伴这些美好单纯的小天使们成长，分享他们成长过程的喜怒哀乐，守护他们度过无忧无虑的快乐童年，引导他们走上人生的康庄大道，这是一件多么美妙多么幸福的事情！

三、情理与榜样

在日常工作中，除了为学生做出示范外，我还会为教师们率先垂范，做出榜样。我深切地感受到，身教重于言传。校长的一言一谈，一举一动，都会映射到教师们雪亮的眼睛里。他们会用自己的价值天平，严苛地衡量着点滴。因此，在践行"真教育"时，我特别注重自身形象：先进理念的践行者，良好行为的表率者，务实肯干的示范者。我要让荔园小学的广大教师和学生，从我的身上，看到当代学校领导者那踏实进取、身先士卒的精神风貌，养成"尽所能助他人""种善因结善缘得善果"的行为习惯。

这么多年，我养成了一个工作习惯：每天清早七点之前就会站在学校门口，迎接每一个到学校的老师和学生并问好。2013年，我调任荔园小学校长后仍坚持这个习惯。按照荔园小学之前的做法，学校七点五十才开校门，早到的孩子只能在校门外追逐打闹。但我每天在七点之前就打开校门，迎接师生，风雨无阻。

我发现，荔园小学很多孩子到学校的时间也很早。这是因为有些家长要先把孩子送到学校然后再去上班。为了上班不迟到，上班地方离家远的家长们就会很早地把孩子送到学校来。有一次，一个一年级学生的家长上班很早、单位也很远，就早早地把孩子送了过来。她还不了解我们的情况，就想着应该只能将小孩放在学校门口。但是，她很意外地看到学校开门了，而且我站在门口。她就过来跟我说："陈校长，不好意思，我上班很早，也很远，我把小孩先送进校园来，您看可不可以?"我说:"当然可以。您放心去上班吧,我来帮您看孩子。我一直在这里,保安也在这里,一会儿老师们也很快就到了。放心吧,您的孩子在这里很安全的。"她的两个孩子是双胞胎。我跟两个孩子说:"宝贝儿,你们乖乖的,不要乱跑。教室里面有书,楼梯转角也有书,你们乖乖地看书,行不行?不想看书的话,你们去操场上跑跑步也行。你们看,操场上有田径队的哥哥姐姐在训练,还有击剑队、篮球队的很多哥哥姐姐也在训练,都有老师看着。"两个小孩想了一下,说我们上去看书吧。

不久以后,我提出,学校的校门应在早上七点以前打开,而且只要有孩子到学校就应打开校门。这样的决定很快引起了老师们的不满和抵触。老师们围住我"做工作"。"陈校长,您要'以人为本'、要'人性化'啊!我们都是有家庭的,不能这么早来学校的!""陈校长,您这么早把校门打开,孩子们进了校园出了事故的话,我们都得担责任的!"

我跟老师们说:"做教育的人一定要有慈悲心,要将心比心,站在家长的立场想一想,如果学校迟迟不开门,这一天能够安心工作吗?家长对学校能有好感吗?如果我们不能让家长心里踏实,家长肯定不会对我们有认同感,那我们付出再多的努力也没有用。相反的,一早能够将家里小小的孩子送到学校,校长在门口、保安在门口,学校里面有老师看着,那这一天家长的心情是多么愉快啊。回到家里面,小孩就算是淘气,家长也不会跟小孩发泄怒火。如果,家长和孩子亲子关系不好,当老师的能把他的孩子教好吗?再者说,大家说怕孩子们早一点进校园发生事故,那么当孩子们在学校门口出了事故时,难道我们这些当老师的就能心安吗?"苦口婆心的具有同理心的劝说,结合考勤制度,加上自己的表率,教师们逐渐认同了我的理念与做法。

在争执早开校门这个问题时,我首先是自己在行动上做出表率,同时心平气和地同围着我"做工作"的老师们沟通。最终,教师们还是明白事理的。他们看到校长都这样,而且说得合情合理,慢慢也就跟随着学校的要求与制度了。

到了荔园小学不久后，我发现老师们时间观念不强，上下班比较散漫。学校没有相关的考勤制度，以至于经常出现老师无故脱岗或早退等现象。学校上午八点组织孩子们早读，而老师们则是八点十五到岗上班。下午的上学时间从两点开始，老师们一般在下午两点十五到岗，故八点开始的早读和下午两点开始的午读往往乱作一堂。学生放学时间是下午三点五十五，教师下班时间是四点四十五，但常常是三点多几分的时候已经有老师陆续走出校园，理由不一而足。我的直觉告诉我这样存在着一定的安全隐患。有一天下午四点半左右，一个孩子从楼梯上滚下来崴着脚了。这个孩子同班的同学既找不到班主任，也找不到校医。据说他们当天家里面有事，都先回家了。后来，隔壁班的班主任想办法辗转通知到孩子的家长。不久，又有一个一年级的孩子，在下午上学时间里去厕所时把下巴摔伤了。当时，孩子的伤口很深，班主任老师也不在，我只能自己叫来校车送孩子去医院。第二次事故处理完的当天晚上，我反思了很久。我知道，两次事故并没有造成特别大的后果，但是这样松懈的管理潜藏着巨大的风险。于是，我决定对学校做出一些改变：执行考勤制度，让老师们早上和中午早一点到学校，并且不能无故脱岗或早退。

由于我的率先垂范，再结合考勤制度。渐渐地，荔园小学教师中的早退、脱岗等现象也基本不再发生。逐渐地，有老师在七点多一点来到学校，有老师在七点半以前来到学校。在考勤制度建立起来以前，绝大多数老师都已经能在早上七点五十以前赶到学校了。

作为一名经验丰富的老校长，我深知一个组织的发展，不是所有成员都能跟上改革的速度。总有人需要等待。风气的改变不仅需要一种领导力，一种制度，更需要领导者的率先垂范。要改变荔园小学这所有一定历史传统的公办学校的教师的懈怠习惯，不仅需要决心、需要耐心、需要坚持，更需要做好示范，言传身教，令同事心服口服地跟随你的办学理念。

有一次，区里召开一个会议，会议的时间无法避免地同上课时间发生了冲突。学校打算派一位骨干教师去参会，但是这位教师却向学校领导提出令人意外的要求：去开会和上课都算上班，因此，要么开会等同于上课，所缺的两节课不再补上，要么由学校安排其他老师顶替上课。由于学校的老师都是"一个萝卜一个坑"按岗配置的，因此很难找到其他老师来顶替。最主要的问题还在于：学生缺少了学习该门课程的机会，学校工作安排也将会陷入一个学科课程与其他工作相冲突的两难局面。我对这位老师说："既然会议必须开，课程必须补，找不到替代上课的老师，那么我替您来上这堂课。以后是不是给孩子们补上，请您自己做决定。"当时那位老师再也没有说话，表情惊愕，走出了我的办公室。那天，我去她的班上了两节课。后来我也没有追问她有没有补课，但是发现，没有教师再就如何协调外出办事与补课的这类事情来跟学校领导计较或提要求了。

　　这类的事情，表面是做教师的思想工作，实际是用我的"真教育"理念和行动，去打磨他们。我深知这种打磨工作的艰辛但却必须。因此，我会尽量避免与老师发生正面冲突。当教师为开会还是上课这类问题跟我争辩时，我会努力稳定教师的情绪，避免更加紧张的争吵，采用"以退为进"的办法。自己多做点，做好点，做出示范，让老师的偏激情绪回归理性，最终平静地认同执行。

　　童年时师长、母校对我那真挚温馨的教导，给我质朴充实的熏陶，让我感受到以人为本的"真教育"那持久的影响。从教几十年来，我一直都凭着真心做人，本着良心做教育。我要让我的每一个学生、每一位同事，能够从我身上感受到"真教育"的力量；我要成为快乐童年的守护者，幸福人生的推动者；我要用自己的行动做出榜样，让大家相信，教育可以很美好，人生可以很温暖；我要率先垂范，使我的周围产生更大的正能量磁场，让每一个接触我的人，都能感觉到"真教育"的力量。

图 2-5　最好的领导莫过于示范

第三节　尊重个性　合力共进

一、关怀问题孩子

每个孩子都是独特的，独特于天赋品性，加上家庭环境的不同，来到学校的孩子，更是呈现出千差万别的个性特征。作为"真教育者"，要认识孩子的个性，理解其独特的表现，要包容他们，尊重他们孩童的天性，让他们在心理上感觉安全，让他们快乐地成长。同时，作为专业的教育工作者，不但自己要理解和尊重孩子的个性，还要适时地引导家长的教育理念，力求让更多的家长朝着"真教育"理念的方向上来，使学校与家庭的教育行为一致。从而形成合力，保证学生身心和谐地成长。

尊重学生的个性，意味着以一颗慈悲的育人心，包容与己不同、甚至不合常理之人与事。作为校长，如何对待个性特别，甚至是异常的孩子，会对全体教师产生影响。

"啊——你们都是坏人！"走廊上传来刺耳的尖叫声。"唉，小君又发疯啦！"耳边传来同事的叹息声。我快步走到三年级的一间课室门前，只见课室内满地狼藉，桌椅七横八竖。一个脸憋得通红、满头大汗的小男孩紧紧攥着拳头，满脸泪水，仰头嘶叫，浑身战栗。一旁的老师和孩子们愣愣地看着他，束手无策。

第一次听说"小君是个神经病"的时候，是我出差半个月回到学校的那一天，同事向我绘声绘色地描述了如何与他"斗争"的情状。小君的班主任和任课教师不断地向我"告状"，大家都觉得这孩子一定是有精神上或心理上的问题。

此刻，我镇定了一下情绪，缓步走向这个叫作小君的孩子，弯下腰，轻轻地问道："怎么啦？"孩子看了我一眼，然后又是一连串的尖叫："他们都是坏人！"我把孩子揽到怀里，轻抚他的后背，试图缓解他发抖的身体，嘴里轻轻发出"嘘"声，阻止他的尖叫声。也许是他感受到了我的善意，慢慢地平静下来，声调也开始低了。我低声请在场的老师和孩子们拾掇好课室继续上课，牵着小君的手回到我的办公室。

安顿好孩子坐下，我拿出自己的毛巾给他擦拭满头的汗水，还把毛巾塞在了他的后背吸汗，然后打开一瓶水喂他喝了几口。到这个时候，他的情绪已经完全平复，眼睛滴溜溜地四处打量，但始终不敢与我对视。

我坐下来拉着他的手，用平静温和的语调问："能告诉我发生了什么事吗？需要我来帮你吗？"孩子犹豫了一下，然后絮絮叨叨、颠三倒四地讲述着事情的前因后果。原来他觉得同学座位占得太宽挤着他，觉得老师偏心只批评他不批评和他在课堂上讲话的同学，下课时同学追逐打闹碰到他而不道歉等，都是些鸡毛蒜皮的小事。这些在我们大人眼里微不足道的小事，到了孩子那里却变成了天大的事。今天发生的事情的诱因则是英语老师在上课时只批评本已完成课堂练习的他，却不批评没完成练习的同桌。这让他觉得老师很不公平，特别偏心。

耐心地听完孩子的诉说，我没有批评孩子，也没有评价老师的行为，而是先表扬了他上课能认真听讲，快速完成练习，是个不可多得的聪明孩子。孩子愣愣地看着我，可能觉得没被批评反被表扬有点儿不可思议。但毕竟是心灵纯净的儿童，小君很快就释然，继而窃喜。他觉得在我这里找到了盟友。在获得了孩子的心理认同之后，我不紧不慢地给孩子分析了事件发生的主观原因、客观原因，提出了解决问题的几种方法，供孩子选择。意外获得的表扬、温和的语气、新颖的多项选择都让这个聪明的孩子放松下来，使他悟到了自己的错误并心甘情愿地表示愿意向老师和全班同学道歉，而且希望我能一直把他当成好朋友，帮助他改正缺点，分享他成功的喜悦。

从此以后，我常常在早上和下午做校园观察的时候，特意在小君所在的班级逗留一下，给孩子一个温暖的微笑，有时还抱抱他，或者听他说说最近遇到的值得高兴的事。孩子也向我敞开了心扉，经常在课间到我的办公室门口转转，也不进来打扰我办公。有时在校园内遇到我，他会大声地问好，偶尔还会淘气地跳到我的身上，双手挂在我的脖子上撒娇。校园里再也没有听到过小君的尖叫，大家也不说他"有病"了。小君变成了一个活泼而有礼貌的好孩子。

期末考试后的一天，小君垂头丧气地走到我的面前，眼望脚尖，轻声说："对不起陈校长！我期末没考好。"原来孩子的英语只考了八十七分。望着满脸羞愧的孩子，我的心暖暖的：孩子是多么可爱，孩子的心是多么单纯、多么晶莹剔透。这个曾经被别人打上"精神不正常"标签的孩子，其实只是个渴望着被关心爱护的孩子。只要你尊重他，让他感受到你的诚意，他就会以温暖的方式给予我们丰厚的回报。

雅斯贝尔斯认为，在人的存在与生成中，教师的爱能影响学生一生的价值定向和爱的方式的生成。对于小君这类的常人眼中的"问题学生"，我首先想到的是尊重他们的个性：他们更多的时候只是不懂得控制情绪，不懂如何与别人进行合理有效的沟通。明白了这一点，我就总是以悲悯之心去保护他们，用自己的实践行动为教师们做出榜样。去尊重每一个孩子。我眼里没有"问题学生"，每一个学生都重要，都值得我们用心去引导他们。对小君的特别照顾，只是我在教育实践中的一件小事，然而却包含了一个人人都懂，但未必能够实践成功的道理——尊重体现的是真正的爱。作为老师，尤其是作为校长，要从爱的高度发出，更多地保护小君这样的"弱势"孩子，引导教师们也做"真教育"的践行者。

尊重个性，意味站在孩子的角度来看世界。以心度心，以情察情，把大事做正确，把小事做妥帖，使每个孩子的童年，向着幸福的方向，快乐而温暖地前行。广州的一些媒体曾讨论过"课间十分钟是否应该让学生运动"这个话题。对此我是这样理解的，课间十分钟是两节课之间的休息时间，让孩子们放松情绪、喝水、上洗手间、休息眼睛，这短短的十分钟是不适合运动的。道理很简单，大家可以试着想想，孩子如果在这十分钟里运动得气喘吁吁的，上课时是否能马上安定下来？如果每节课都需要一段安定情绪的时间，对孩子的听课质量有没有影响？对孩子专注力的培养有没有影响？专注力不够的孩子将来的学习之路能走多远？我们有没有可能想让他们安定下来，他们就能马上从运动模式切换到学习模式？都说"理想很丰满，现实很骨感"，对孩子的教育不讲规律是要出问题的。

我觉得，要真正尊重孩子的个性，包容他们的行为，一定要了解他们的生活实况。例如，同学之间经常会聊哪些话题，他们是如何对话的。再用教育理论去观照孩子之间的对话内容与形式，思考这些话题的社会来源，以及对孩子成长的影响。只有掌握他们在成长过程中的思想动态，才能更好地理解他们出现的问题，才能提出更有效的教育措施。所以，课间十分钟，只要时间允许，我都会在走廊走走，与学生聊上两句；进教室巡视，观察学生的课间活动；到风雨操场逛逛，看学生玩啥游戏。通过这种方式，我倾听学生之间的对话，了解他们日常关心的事情，通过平等的对话方式，适时给他们一些建议，纠正他们一些偏差行为，我希望透过自己的一言一行，引导孩子说好话、做好事、成好人，塑造孩子良好的价值观，使他们形成优良的品格。

有一次课间，我正在走廊慢慢行走，忽然听到走廊的尽头有孩子大声说："陈校长，不好了，小立又跟别人打起来了！"我急匆匆地走到教室门口，看见小立正坐在地上哭，脸上全是泪水和鼻涕。唉，小立可是二年级闻名的孩子。曾经听他的班主任老师诉苦般地对我说："小立是我们班上表现最坏的孩子！经常惹是生非，与同学闹矛盾，其他同学都很不喜欢他。许多小朋友的父母跟我说，不愿意跟他一起坐。平时指导他的功课，说得最多的话就是'老师，我不会做！'唉，真是拿他没办法。"我细细一观察，的确发现他在许多方面都不如同龄的孩子：每天的书包都乱糟糟的，常对着别人一脸坏笑。有次上厕所，小立故意将其他小朋友弄得全身湿透。现在，他可能又惹事了。

我走过去了解情况，才知道起因只是他与小平争执谁先发现地上的一块橡皮，争着争着就吵了起来。最后互相推了一下，小立就干脆坐在地上哭闹了。我跟这两个孩子了解情况时，发现周围聚集了几个孩子，他们七嘴八舌地说着小立的不是。于是，我问了几个和他一起上二年级的孩子："为什么你们不愿和他一起玩？"一个孩子说："我们玩的游戏他都不会，还捣乱！"另一个孩子干脆说："他什么事情都不会做，只会发脾气，又喜欢打人。"哦，原来是这样。

接下来的几天，我特意留意这个孩子。一段时间后，我发现当许多同学快快乐乐做游戏的时候，他却一个人跑来跑去。想参与一起玩，又只能用一些不讨人喜欢的方式去引起别人的注意。当同学们一起在讨论问题时，他却在一旁呆呆地站着，不知道在想什么。我明白了，这是一个被很多孩子排斥在外的孩子。他不自信，自卑感很重，同时自尊心又极强。当与同学意见不同时，小立很快表现出攻击性，他是用进攻的方式来维护着自己那点可怜的自尊。

我把我的观察所得与小立的班主任沟通，班主任很赞同我的观点。

有一天放学后，我悄悄地把小立叫到身边："小立，说说你有哪些优点？"

"优点？"他诚惶诚恐地看着我，可能从来就没人问过他这个问题。

"就是说你觉得你有哪些方面比较好？"

"好的方面？好像……没有啊！"他歪着脑袋这样回答我。

我一时有些心酸，这个可怜的孩子，从小到大，很少有人表扬他。

当同龄人不断地听到大人们"聪明漂亮"的赞美声时，他正躲在角落里偷偷哭泣吧？作为校长和教师，我们都有责任帮他重新树立信心，让他尽快地融入班集体中。

我与班主任商量了一下，决定由班主任出面帮助小立。放学了，班主任把几个班干部凑在一起，先是讲了一个故事唤起他们的同情心，最后说："每人一张小纸条，写上他的优点。明天交回。"

第二天，六个班干部的纸条到了我手里。我一看，百感交集！

"小立，英语课你的口语挺标准啊！继续努力！"

"上一次，你主动帮我捡起掉在地上的橡皮，谢谢你！让我们做好朋友吧！"

"你的朗读水平不错，有空时我们一起读读课文吧！"

"那天，你把水彩笔借给我，你乐于帮助别人啊！"

"数学课，老师说你的口算速度已经超过好几个同学，加油啊！"

"今天，你的衣服干干净净的，让我们一起做爱清洁的孩子吧！"

同学们的话感动了我。是啊！一个人哪能没有一点优点呢？只不过被偏见蒙蔽了双眼。

我旁听班主任上主题班会课，在班会课上，班主任把班干部写的小纸条读给全班学生听。我注意到小立听着听着低下了头，好像想哭一样。班级里响起了热烈的掌声。大家纷纷站起来：

"我觉得小立有时挺可爱的！"

"有一次他作业做得挺认真的，受到了老师的表扬！"

"上星期他还给我们班捐献了垃圾袋！"

…………

大家在努力发现小立身上的闪光点。改变同学们对他的看法，对于小立的成长是多么重要！待同学讲完他的优点后，班主任问他："小立，你想说什么？"他站起来说："以后我一定会继续像大家刚才说的那样做的。"教室里又响起了热烈的掌声。我与老师相视一笑。

下课后，大家把一张张充满爱心、充满鼓励的纸条递到小立手中。

许多同学围着他嘘寒问暖。离开教室时，我从一张张天真烂漫的笑脸中看到了真诚，看到了友谊。

这下面的故事我是听老师讲的——

语文测验卷子发下来了。一个女同学考砸了，伏在座位上偷偷地哭。另一个同学看见了，悄悄塞给她一张纸条："别灰心，还有下次呢！加油，你一定行！"

下课了，两个人因为一些小事情闹翻了，谁都不理谁。下午，一个同学偷偷地写了一张纸条放在他铅笔盒里："让我们和好吧！"他们相视一笑。互相传递关爱小纸条在这班同学中广泛流传开来，成为同学之间交流的一种方式。

现实有时就是这样的神奇，以倾听为前提，以尊重为准则，以为引导的是一个孩子的成长，却在全体孩子中产生了积极的影响。在我的心中，每一个孩子都重要，每一个孩子都值得尊重，每一个孩子都会有自己的精彩。我尊重他们的个性，就如尊重我的梦想、我的未来。我每天都会站在校门口迎送孩子们，我认得学校里面的每一个孩子。每天，孩子们都会很热情地和我打招呼，和我拥抱，和我撒娇。我每天都陪伴着孩子们成长。我特别自豪的是，荔园小学的孩子们都能够健康、快乐、真诚、善良。从教几十年来，我始终以做"真教育者"要求自己。作为一位基层校长，我也以身边的"真教育者"为榜样来激励我们的老师。我更希望，中国有千千万万"真教育者"。

二、解读家长心态

作为父母和校长，我深切地体会到，如果家庭教育的理念能够与学校保持一致，教育就会形成合力，引领孩子坚实地前行。然而，我发现在现实生活中，由于受到功利的教育目标的驱使，家长常常仅基于自己的愿望或理想，为孩子设计目标前途，丝毫没有考虑孩子的个性特点和能力。为了达到目标，他们一方面竭尽所能地付出，在物质生活上无节制地满足，甚至讨好孩子。这种付出是有条件的：必须要取得体面的成绩，考上好的学校。另一方面，在学习上严格甚至严苛要求孩子，一切都为学校知识的学习和考试让路，完全无视对孩子良好习惯、性格、为人处世的技巧和融入社会等能力的培育。面对这样的现实，我有时感到无力，但是"真教育"信仰告诉我，要尽力为孩子的成长做些事情，无论最终的结果如何。于是，我会有意识地引导家长意识到，要懂得人的成长规律，要了解自家孩子的天性，要根据孩子的个性和兴趣制定合理的发展目标，多鼓励、少打压，要结合自家孩子的情况，采用最恰当的方法，引导孩子快乐地成长为独立自主的人。

有一次，二年级学生的一位家长问我："陈校长，我们应该怎么办啊？学校不让布置那么多作业，每周还有一天的无作业日，我们的孩子怎么竞争得过别人？我要不要给孩子在外面报个补习班？我们要不要多买点课外辅导题给孩子做做？"我说："您这么做，是在'勤勤恳恳害孩子，兢兢业业毁童年'。减轻孩子的课业负担，是为了让孩子的身心得到健康发展。打个比方，您种下一棵小树苗，希望他快点长成参天大树。所以别人一天浇一次水，您浇三次，甚至四次、五次；别人一个月施一次肥，您每天施一次肥，行不行？"她说："那不行，那不是淹死了？"我说："原来您明白道理的啊？人生是长跑不是短跑，不是赢在起跑线就可以的。过度的压力会让孩子成年以后在心理方面产生变异，容易患上抑郁症，也会让孩子对学习失去兴趣。"

现在，患焦虑症的父母大有人在，说不给我的小孩补课，以后考不上好的中学怎么办啊？作为一个基层小学校长，我很想呼吁家长，对于孩子的成长不要急，一定要尊重孩子的个性，依照自家孩子的特点，抱"静待花开"的心态，慢慢来。不要急于求成，沉迷于冷冰冰的考试分数。

首先，我们要正确认识什么是"学习"。心理学家是这么解释的：在遗传和环境作用下，经验带来的脑与行为的长久改变即学习。也就是说，基因和环境是发生学习的基础，这两者的作用是相互依赖的。遗传会降低环境对人的影响，比如我们常说"这孩子天生就是块学习的料"，所以再糟糕的学校都会培养出好学生。同时，环境也会对遗传因素发生作用。好学校好老师的作用是设计更多适合孩子天性的成长环境，引导学生发挥更大的遗传潜能。

其次，我们都知道，经验分为直接经验和间接经验。直接经验是通过个体自身的体验感悟而来，间接经验来自他人，如听到的、看到的。两种经验相互补充、结合，使大脑神经元及神经元之间产生变化，进而导致个体行为也产生变化，这时候学习就发生了。所以具有"真教育"理念的学校，应该让学生拥有一个丰富而快乐的校园生活。学校会通过课程多样性来满足学生个性发展需要，会通过课程的丰富性和精致性来提升教学的有效性，会倡导启发式、探究式、讨论式、参与式的多元化教学方式，让学生成为学习生活的参与者、体验者而不是旁观者，帮助学生学会学习，激发学生的好奇心，培养学生对于学习的持久的兴趣，关注学生的心灵成长，让学生拥有快乐而精彩的学习旅程，并让他们在这个过程中体验到与他人、社会的关系。让学生的思想品格得到锻炼，责任感、沟通能力、合作精神、诚信都能得到培养。

另外，心理学的研究告诉我们：脑的发展受到情绪经验的深刻影响。早期受到虐待的儿童在双侧前额叶与颞叶发育与活动上严重受损，长期受到大量言语暴力的孩子，会显著减小大脑网络的连接长度和范围。老师、家长过于严厉的话也许能控制孩子当下的行为，但是对长远的发展来说可能不是好事。

我们自己也会觉察，影响教育结果是复杂的，而当代教育的评价标准比较单一：由学业成功带来的社会地位的迁升。由此导致我们有很多家长看不到教育的长期性和复杂性，盲目地追求刚性的效果：考多少分，得哪个等级，拿了几张奖状，等等。由此导致了很多家庭对孩子的行为，表面看似乎是出于爱，但实际上却是反教育本质的。

有时候，我们接受教育的目的是功利的，就是获得好的物质生活。至于人的精神追求，那是有些人都会忽略的。

作为家长，我们盼着孩子长大，希望他们上个我们认为有面子有前途的好大学，找个我们理想中体面稳定的工作。这是我们早就为孩子们设计好的人生。为了帮助他顺利地按照我们设计的路线走下去，我们很多做父母的，也是不辞劳苦，穷尽所能，甚至不惜以"虎妈""狼爸"这样魔鬼式的面孔出现在孩子的面前，成为孩子们人生噩梦的一个部分。作为一名每天和孩子们在一起的校长，我不止一次地听到孩子说，我讨厌爸爸，讨厌妈妈，讨厌老师，讨厌学校。甚至有孩子小小年纪就常常把"死"字挂在嘴边，让人忧心。

教育的成效一定是慢慢地显现。在我们的认知中，快速生长出来的粮食、蔬菜、肉、禽、蛋类等食物是对身体有害的，如果可以选择，我们可能更愿意选择按照自然规律慢慢生长出来的食品。因为万事万物的生长都有规律，如果违背了这个规律，那就会出问题。其实儿童的成长也是如此。我们如果违背儿童的成长规律，希望他们在短期内快速成长，会给孩子的人生带来巨大的伤害或隐患，这就叫作"欲速则不达"。

教育不可以掺杂"激素"。在医学上，某些病需要用到激素的。激素的确可以立竿见影。但是有些激素有副作用，比如说会让一个人发胖、有致癌的风险、会让人骨质疏松、让器官受损等，这些是不可估量的。没有医生敢跟你保证说没关系过一阵子就好了。激素有可能是十年二十年之后才诱发新的病症。所以，我从来觉得教育者不要给学生打"激素"。就我们荔园小学的师资，如果想要把教育做成短期行为，的确是可以做一些立竿见影的"政绩"出来。但是那样做有必要吗？我们不能以牺牲孩子的前途和未来为代价来获取那种表面繁荣的效果。哪怕孩子们暂时走得慢一点，没关系。孩子的一生漫长得很，急什么？就像我们跑步一样，刚开始使劲跑、用吃奶的力气跑，最后肯定跑不远。百米跑的跑法不能拿去跑长跑。

其实，我们很多老师和家长在逼着孩子们走向成功的时候，都忽略了很重要的一个问题，那就是孩子是否快乐。在我看来，学习应该是一件快乐的事情。心理学的研究表明，我们人类在从不懂到懂、从无知到有知的过程中是会获得精神上的满足进而产生愉悦的情感体验的。教育本来的目的是要让孩子的眼界开阔，精神舒展，灵魂自由。这样孩子才能形成最具发展潜力的个性，才有机会创建自己的幸福人生。

所以我认为，以现行社会中功利的标准来强行要求孩子，以"爱"的名义强迫孩子走我们认为理想的人生之路，其实是反教育的。很多家长往往要求孩子只做对升学有用的事，只看对考试有帮助的书。这其实都是畸形的"爱"，本质是以"爱"的名义行反教育的行为。学习应该能够让孩子的思想逐渐变得深刻、视野逐渐变得开阔、阅历逐渐变得丰富。只有这样，当他在面临人生选择的时候，他所做的价值判断才会更加准确，他的人生才不会在后悔和懊恼中度过。

心理学家的大量研究得到一个结论：一个人拥有快乐的童年，长大后比较容易获得高成就。因为一个拥有快乐童年的人，通常是一个乐观开朗的人。在生活当中这样的人的情商比较高，生活质量也会比较高。这种乐观开朗的情绪会让他在做价值判断时比较宽容大度，会更容易受到大家的喜爱与尊重。大家在日常生活中是不是比较喜欢和乐观开朗的人相处呢？当你掌握主动权的时候，是不是比较愿意把机会给乐观开朗的人呢？

我们很遗憾地看到，现实生活中存在竞争性、淘汰性和功利性的教育。孩子们没有选择的机会，许多孩子感觉学习是一件痛苦的事情，不知道自己需要什么、喜欢什么，成了大人的傀儡和炫耀的工具。我个人认为，"教育要顺应儿童的天性"，适合儿童的教育，符合儿童成长规律的教育，才是"真教育"。"真教育"对孩子的爱，是理性的爱。所以一旦教育不能顺应儿童的个性和兴趣，儿童的本性和身心就会受到抑制，进而产生痛苦的情感体验和厌烦的情绪。一个人在只能承担五十斤的重量的年龄，长期让他承担八十斤的重量，时间长了身体会受不了吧？最低限度会肌肉劳损吧？每天也会觉得很痛苦吧？短期内在老师和父母的高压下，孩子们的考试分数可能会比较可观，但绝不可能持久，而且容易让孩子的性格扭曲。

我常常接触到一些非常焦虑严厉的家长，他们常常以爱的名义，对儿童的教育往往是采用高压式、体罚式方法。他们信奉"棍棒底下出孝子""严师出高徒"，崇拜"虎妈""狼爸"之流极端的教育方式，对孩子动辄呵斥、打骂、惩罚，把孩子当成一团可随意塑型的陶土而不是一个活生生的生命来对待。本质上，这类父母或因自身性格、或因生活的经历而变得不苟言笑，他们自身感到生活的压力，并把这种压力通过言行传递给孩子。如果孩子不能如自己所愿去发展，则认为孩子心理有问题或者是智力低下，从而对孩子感到深深的失望，进而指责孩子。长此以往，对孩子的心灵造成了极大的伤害。很多自卑的孩子或者性格叛逆的孩子就是这样慢慢养出来的。

其实，即便是"虎妈""狼爸"教育出来的孩子可能暂时会在学业上获得成功，但我相信他们的情感发育是处于非正常状态的，他们将来是否会拥有幸福快乐的人生还是个未知数。古人讲："风物长宜放眼量。""虎妈"和"狼爸"为了达到刚性的教育效果，在教育的过程中使用的是一种恶性行为刺激，对孩子施以大量惩罚和过度压力来使其实现学业成绩的提升。这种恶性行为刺激会潜移默化地影响孩子。或者孩子会觉得遇到问题时可以用极端的方式去解决，又或者孩子会错误地认为为了达到目的可以不择手段，这些都会在他们的性格形成过程中起作用，最后沉淀为他性格的一部分，比如简单粗暴、对人对事不宽容、考虑问题偏激、不相信别人、动则歇斯底里等。这些性格特质会在他将来的人生中左右他的价值判断，从而可能在某一时刻悄悄地改变了他的命运。只是这种改变我们没有办法测量罢了。将心比心地想一想，如果用恶性行为刺激的方法来鞭策我们提升工作的业绩，长此以往，我们对自己的工作会充满激情和热爱吗？

图 2-6　教育不是灌输，而是点燃火焰

三、科学的家教观

在我看来，上述问题，折射的是家庭教育的价值取向。同时作为家长和教育工作者的我，对于家庭教育的问题，我觉得要时刻注意以下四个方面。

第一，关注孩子健全人格的形成，着力培养孩子良好行为习惯，多渠道、全方位地提高孩子的综合素质。现代教育学的观点认为，教育的目的是"培养现代社会的合格公民"，也就是让孩子学会在社会生存的技能，提高孩子未来的生活质量，实现其人生价值。生存技能的高低取决于个人综合素质的高低。综合素质包括文明素质、知识素养、身体素质、心理素质、创新能力、沟通能力等。现实生活中，许多家长认为把孩子送到学校来，就是为了让孩子考个好分数，将来上所好学校。其实分数只能说明某人某学科在某一阶段的知识掌握情况，不能全面说明人的能力发展情况，更不能反映一个人的综合素质。学校教育的作用在于培养学生良好习惯，训练学生的思维能力，让学生掌握学习方法，养成学习习惯。学习态度和方法决定了学习效果的高低，所以方法、习惯、能力比分数更重要。当然，一个综合素质较高的人，通常也是学习能力较强的人，这是相辅相成的。

第二，作为家长要以身作则，为孩子营造一个良好的成长环境。科学家的研究表明：基础教育阶段既是一个人的学习经历、学习生命打基础的阶段，也是一个人的世界观、价值观、人生观初步成型的阶段。如果忽视了这个阶段，随之而来的将是知识的鸿沟和命运的差距。基础教育不仅要为孩子今后的学习奠定坚实的基础，更应为他们今后的幸福人生奠定牢固的基础。每一个孩子就如同一张白纸，随着他的一步步成长而绘出一幅人生的图画。在这个过程中，我们给他怎样的教育环境，就会将他培养成怎样的人。如果在这个过程中，我们没有给孩子们树立一个好的榜样，没有给孩子们一个正确的导向，那将对孩子的全面发展带来不利影响。

我曾向我的孩子提出三个"学会"目标。首先，要学会守规矩。古人说："不以规矩，不能成方圆。"所以我们要从小学会守规矩，做到知法、懂法、守法，并能用法律的武器保护自己。要讲卫生、讲文明，不乱丢乱吐，不损坏公共财物，不践踏花草攀折树木，养成良好行为习惯，提高个人修养。我常常和孩子说："一个有教养的孩子，一定来自一个有教养的家庭。你的个人修养，不单关系到你个人，还关系到父母长辈。"其次，要学会爱自己并爱别人。我常常觉得，现在的孩子并不缺乏被爱的能力，缺少的是爱别人、爱自己的能力，所以我们在生活中常常感到有些孩子不懂感恩。我们要教孩子学会对生命充满敬畏和热爱之心，时刻以安全为第一，注意自身的安全，学会保护自己，不伤害自己或他人，做到心中有爱，有一颗真诚、感恩、善良的心。我常常和孩子们说："一个人要想得到别人的尊重，首先要尊重别人；要想得到别人的爱，首先要会爱别人。"投桃报李的道理我们大家都懂，但还要教给我们的孩子们。这样他们将来生活的社会才会和谐，他们才会幸福。最后，要学会求知。要做到爱学习、会学习。在学习的过程中，应该培养勤奋刻苦的学习精神，还应掌握好的学习方法，以求得事半功倍的学习效果。

另外，要让阅读成为一种生活习惯。我非常赞同中国教育学会副会长郭振有先生的一个观点，那就是："知识是学会的而不是教会的。"作为成年人，我们现在所在运用的知识，其实大部分是在工作和生活中通过自我学习习得的。因此，想要获取更多的知识，那就要多读书，通过读书获取更多的知识。一本好书就是一位好老师，读一本好书就是和一位良师在进行一次心灵的对话、思想的交流，它将帮助孩子们在批判性地吸收别人思想的基础之上，形成自己独立的思想。

第三，加强与学校及老师的联系沟通，互相理解，互相支持，共同为孩子的发展而努力。可能我们的一些家长会非常执着于孩子的考试成绩的高低，甚至都要求孩子次次满分。对这个问题，我是这样看的："分数"和"成绩"其实并不完全对等。分数可以反映成绩，但分数并不等于成绩。我们应该引导孩子面对知识本身而不是考试分数。我们成人总是不断地用分数来制造失落和内疚，以至于让孩子对学习逐渐失去了信心和兴趣。

第四，要理性地爱孩子。理性地爱孩子，一定要记住：千万不要拿自己的孩子和别人的孩子比。每一个孩子都是一个独一无二的生命个体，没有可比性。我和孩子们说："如果你拿自己的优点和别人的缺点比，那叫作胜之不武，会显得不厚道；如果你拿自己的短处和别人的长处相比，那叫作自暴其短，又会显得很傻。尺有所短，寸有所长，每一个人都有优点有缺点，有长处也有短处。大概没有人见过十全十美的人，也没有人见过一无是处的人。所以，不要和别人比，要自己和自己比，今天比昨天有进步，现在比过去更好，努力成为更好的自己就好了。"孩子是上天赐予我们的宝贝，我们怀着期盼和喜悦的心情把他们带到这个世界，所以要好好珍惜。别人的孩子再好，我们也不可能把自己的孩子扔掉，然后把别人的孩子据为己有。就像我们在自家的花园里种下一棵花，我们肯定要精心地培育它，给它施肥、松土、除虫，为它遮风挡雨。当它被虫子咬了、被狂风吹歪了，我们肯定不会把它随手拔掉，而是会想办法补救。隔壁人家花园里的花开得再大再鲜艳，我们也只能欣赏，不能把它搬到自家的花园里来。所以，我们只能耐心地等待属于自己的那一棵花开，相信只要努力，花儿总有绽放的那一天。而且我们给予的耐心和爱心越多，花儿会开得越鲜艳。即便那只是一朵不起眼的小花，那也是独一无二只属于我们自己的，是能够伴随着我们的生命过程的。正所谓"白日不到处，青春恰自来。苔花如米小，也学牡丹开"。

孩子童年的每一天都过得快乐充实，就更容易养成乐观进取的性格，将来的人生才会有保证。我们做家长的，不能只为孩子小时候的十多年负责，完全不考虑其成年后的幸福。如果他等到中年后抑郁了怎么办？这些问题看似遥远琐碎，常常为我们家长所忽略。"真教育"要为孩子的一生奠基与护航。"风物长宜放眼量"，为了孩子一生的幸福，我们都应该想长远一点。因此，"真教育者"特别注重依孩子的天性进行唤醒式教育。同时，也会有意识地引导家长了解并尊重孩子的天性为孩子制定合理的发展目标，为孩子创造一个快乐的童年，成就他们自身的幸福人生。荔园小学是践行"真教育"理念的学校，我们期望家长也能与我们一样，尊重孩子的个性，顺应孩子的特点，从而形成教育合力，引导孩子走出快乐童年，奠基幸福人生。

第四节　以爱解困　唤醒灵魂

一、体贴之爱关注个体

意大利作家亚米契斯的代表作《爱的教育》围绕着"从爱出发"这样一个核心价值，传递了这样一个信息：最理想的教育境界，就是把学校、家庭、社会都建立在感情的基础上，建立在爱的基础上。这种教育价值观虽然经历了一百多年的岁月沧桑，却对我们今天的教育工作有着巨大的指导作用。从爱出发的教育，唤醒向真向善向美的灵魂的教育，引导孩子在爱中懂得爱、学会爱的教育，才是"真教育"。因为爱能使人富有，爱能让人与人之间充满温情，也能让孩子们与周围的世界、与人生建立更丰富更深刻的联系。最好的教育，应该是建立在爱的基础之上的教育，是每一个教育者从爱出发、摒弃功利的教育目标，从孩子的实际出发，让孩子能够获得成功的体验并感受到尊重、感受到爱的教育。

雅斯贝尔斯认为，爱的理解是师生双方价值升华的一个因素。[①] 灵魂的生成与饱满，自我的本真性存在，归根到底，是爱的问题。爱包括了给予、关心、责任感、尊重和了解等基本因素。[②] 无数教育者都深有体会，爱可以产生神奇的力量，乃至奇迹，可以化解许多教育困境。作为"真教育"的践行者，我也深切地体会到，要使教育真正成为引导人灵魂成长的方式，就要懂得以理性之爱来引导人，以智慧之爱来启发人，以爱的技巧来化解教育的困境。

大城市的生活压力大。我们的学生中，常有一些孩子的家庭经济条件不太好。他们的父母为了生活起早贪黑，根本顾不上孩子的学习与成长，或者养育观念落后，不懂孩子的成长心理，不懂得适时表达对孩子的爱，以至于孩子常感觉到父母根本不理他，认为父母不关心他。有些家长为生活所迫，奔波劳苦，对生活、对社会有诸多不满或无奈，心情焦躁郁闷，行为举止与教育方法也难免有些粗暴。他们有时会不自觉地把工作中遇到的情绪转移到孩子身上。这时的孩子，往往成了他们的情绪"垃圾桶"。这时候，作为专业教育工作者的我们，如果能以同理心去理解这些家庭的父母和孩子，做好桥梁工作，尽自己所能去帮助他们，让体验到来自于为师者的温暖，使父母与孩子都不至于互相埋怨、互生憎恨，这是功德无量的事情。

一个春雨霏霏的早晨，我像往常一样站在学校门口迎接老师和孩子们。一个高年级的孩子匆匆忙忙走到我面前说："陈校长，那边有个家长在打孩子，您快去救他！"顺着孩子手指的方向，我看到远处围了几个人，就急忙奔过去。走近一看，一个小男孩低垂着头站在围墙边，他的妈妈正情绪激动地指着他高声斥责。旁边围了几位劝说的家长，还有许

---

① ［德］雅斯贝尔斯：《什么是教育》，5页，北京，生活·读书·新知三联书店，1991。

② ［美］弗洛姆：《爱的艺术》，22页，北京，工人出版社，1986。

多准备上学的孩子用好奇的眼光在看着。可能是因为围观的人越来越多，所以孩子的母亲越来越激动，随时可能爆发。我赶紧把孩子紧紧地圈在怀里，低头一看，孩子左边脸上一个鲜红的掌印，顿时我的心也跟着疼了起来：这个孩子只有八岁，名叫小坤，平时是个特别活泼可爱的小男孩，很喜欢帮助老师和同学，是班上的热心人。小坤课间也喜欢到我的办公室门口玩，而且他还顺便提醒经过的同学轻言细语、轻声慢步。小坤的爸爸身体不太好，妈妈是家里的顶梁柱。工作很辛苦但收入不高，谋生艰难，因此妈妈对小坤寄予了厚望，希望他将来能成为父母晚年的依靠，所以也就对孩子管教特别严格。而孩子正处于懵懂好动的年龄，有时难免淘气，常常会在家里或学校出一些状况。作为大人，我们不应该将自己生活中的情绪转移到孩子的身上，因为孩子毕竟是孩子，他们无力承受，也不应该承受。

简单地了解了小坤妈妈在大庭广众下发脾气的原因，不过是因为生活的不如意而借机放大了孩子的一点小问题。我婉言劝解了这位母亲，并迅速地把孩子带回了学校。在一个不起眼的角落，绝口不提刚才的事情，而是轻声问孩子有没有吃早餐。孩子告诉我只吃了一点点。我温和地拥抱着孩子，询问他喜欢的早餐品种。孩子被吓坏了，支支吾吾说不出个所以然。我猛然想到平时在门口迎接孩子们上学时，一些年纪小的孩子会让我拥抱一下，行一个贴面礼，这时我会闻到孩子嘴里早餐的味道。我发现最常闻到的是香肠的味道，说明这是一种受孩子欢迎的食物。小坤正在难过的时候，我希望他能吃上喜欢的早餐，淡忘刚才的难过，不要让这件事在他心里留下太明显的伤痕。果然，当我试着问他"宝贝，我去给你买一个香肠面包好不好"的时候，他怯怯地点了点头。我让一个高年级的哥哥先带他回课室上早读，然后走到街上的面包店去给小坤买了一个香肠面包，怕他不喜欢吃，又多买了些别的口味的面包。回到学校里，我请一位同事悄悄地把小坤带到我的办公室，给他倒了一杯热水，让他自己慢慢地吃早餐。然后我们特意离开，留给他一个独处的空间，让他能自在地享用食物。

当我做完校园观察回到办公室时，小坤已经吃完早餐回去上课了。放早餐和热水的茶几干干净净，显然孩子已经收拾过了。这一整天，我几次从孩子的课室门口经过，仔细地观察孩子的神情，发现他已经从难过中走了出来，又能开心地和同学一起玩耍。下午，小坤还到我的办公室里转了一圈，和我说了几句话就跑开了。

为了做好孩子母亲的工作，我请小坤的班主任老师与孩子妈妈先电话联系，告诉她孩子在学校的状况，请她放心。同时请老师与家长约谈，讲明教育孩子的理论和方法，让家长意识到，儿童大脑的发展受到情绪经验的深刻影响，早期受到虐待（暴力或冷暴力）的儿童在双侧前额叶与颞叶发育与活动上严重受损，长期受到大量言语暴力的孩子，会显著减小大脑网络的连接长度和范围。老师、家长难听的话也许能控制孩子当下的行为，但是对长远的发展可能不是好事。希望家长不要把自己生活中的情绪迁移到孩子身上，要让孩子的身心得到健康发展。

经过谈话，孩子的妈妈意识到了自己的错误，表示再也不会冲动了。小坤的班主任老师是一位非常温柔的老师，从此也对小坤特别呵护，希望孩子心底的伤不要影响到他今后的成长。在我们大家的照顾下，孩子也恢复了以往的活泼可爱。

如上所述，作为"真教育"的践行者，对于那些来自不幸家庭的孩子，那些焦虑无助的父母，我们可以也应该发挥桥梁的作用，在体谅与理解的基础上，真诚地帮助他们，使父母以更好的方式养育孩子，使孩子有更好的家庭成长环境。以爱呼唤爱，以爱来化解因为情绪而造成的亲子关系问题。在这个过程中，师者以身作则，用行动去启发他们，期望培育出他们一颗柔软的心。在我的价值观念里，学校应该是给予所有的孩子爱与温暖以及希望的地方。对于那些来自不幸家庭的孩子来说，学校应该是他们最温暖的所在。

还有，当下的社会处于转型期，我们也常常要面对来自不同家庭的孩子：单亲家庭的，父母长期分居的，父母关系冷漠的，父母处于离婚前期的，等等。这些孩子往往自尊心强、自卑感重，有的沉默寡言，有的谎话连篇，有的攻击性强……面对这样的孩子，除了用爱来理解他们，用爱来温暖他们，别无他法。

有一个孩子，经常跟继母打架。我和我的同事经常去调解孩子和继母的关系，我们还把电话号码留给孩子的爸爸，以便随时保持联系，解决孩子成长中的实际问题。后来这个孩子自己一个人住，他爸爸和继母住一起，因此这个孩子常常有一顿没一顿的。我会每天关注他有没有吃好饭，不论是早餐还是午饭。他没有吃的话我就去给他买好，让他到我办公室吃。

这个孩子的一个突出优点就是动手能力很强。我跟他聊天的时候，他说将来要做设计师，要发明创造。我们荔园小学的科技教育是强项，我们有一个很好的科技辅导员林老师。于是我就找林老师谈话，我说："我把这个孩子配给你做助手。学校里面的所有科技活动，你一定带着他去参加。我想让他多与人交往，多增长些见识。这样他的认识能力会提高，对他的学习有帮助，对他的做人有帮助，起码他不会学坏。另外，学校里面有经费。如果需要买一些材料、买一些科技书给他看，学校给你们报销。"林老师非常善良，也很爱孩子，经常自己掏钱给这个孩子买很多科技制作材料和辅导书。为了培养他的责任感，还特意让他担任学校科技建模室的管理员。林老师无论去哪里参加活动都会带上这个孩子。

事实上，带上这个孩子是很麻烦的，但大家都很愿意承担这样的麻烦，因为这样才能帮助到这个可怜的孩子。我们把他的所有活动费用都给免除了，甚至餐费都是我们老师帮他出。但是，总会涉及安全问题、接送问题等许多实际的问题。有一次，学校的天文社团组织师生和家长到一江之隔的长洲岛上观看红月亮。看完回来以后，这个孩子没有人接，虽然他就住在学校所在的小区里。还是林老师派人把他送回到家里。当然，有这么多实际的问题，光靠我们老师是忙不过来的。好在我们的家长委员会非常好，有很多家长义工愿意帮忙。

事实上，对于不幸福的家庭，孩子是最大的受害者，他们是最无辜的。在应该被爱、学习去爱的年龄，却被忽略或者是过分地关注。无论是前者还是后者，对孩子的成长来说，都是一种不可弥补的伤害。人们常说，最需要爱的孩子，总会用最不讨人喜欢的方式来渴求爱。作为教师，如果知道孩子面临这样的困境，不妨多关注他们，体谅他们或坚强、或冷漠、或攻击的外表下那颗脆弱的心，多给予他们关爱，尽力去帮忙他们，乃至帮助他们的父母，尽量为正经历人生风雨的孩子提供一点的庇护。

　　爱能够给予孩子更多的安全感。很多人都听说过大禹治水的故事，也知道"宜疏不宜堵"的道理，其实对孩子的教育也是如此。人只有在自由、愉快的状态下，积极性和创造力才能达到最好的程度，没有人喜欢被强迫着做某件事的。毛泽东同志不是说"哪里有压迫哪里就有反抗"吗？这种使孩子觉得自由和愉快的氛围，本质就是爱。我常常对老师们说："站在孩子和家长的角度想想，你就能懂得他们，懂得凡事皆有其合理性，就能理解他们。这种理解其实包括爱，那是一种理性之爱。"因此，作为教师，要懂得爱，这既是职业要求也是人的素养。我也常对孩子们说："社会生活中的人际交往有一条基本规则，就是：你怎样对待别人，别人就会怎样对待你。你爱别人，别人才会爱你；你尊重别人，别人才会尊重你。这也是古人所说的'爱人者人恒爱之，敬人者人恒敬之'。"作为教育者，我们要教会孩子爱别人、尊重别人，首先要示范给他们看什么是爱，怎样理性地爱。我相信，一个常常被理性且温暖地对待的孩子一定也会温暖地待人，一个被爱包围着的孩子也才懂得去爱。

二、理性之爱引导家庭

　　因为深切感觉到"爱"的奇妙力量，所以我特别强调家庭应该充满爱的氛围，引导孩子在阳光下成长。因此，在荔园小学的家长会上，我们常常为家长举办如何理性地爱孩子相关主题的讲座，改变家长陈旧落后的家教观，引导家长与孩子一起成长。

　　2017 年 12 月 16 日下午，荔园小学举办了以"做优秀父母，与孩子一起成长"为主题的第十四期家长公益大讲堂活动。讲座由中国关心下一代工作委员会的鞠艳梅老师主讲。鞠艳梅老师以"自信"为话题切入，情深意切地向广大家长说明：家庭就是爱的学校，是孩子成长启蒙之所，也是孩子学习的终身场地。家长就是孩子的第一任老师，也是孩子的终身老师。学习做优秀的父母，与孩子一起快乐又充实地成长，引导孩子成人、成才，是作为成人的父母对社会最大的贡献，是家庭最大的成功。她认为，优秀的父母，真正懂得理性地爱孩子的父母，就是以放手的意识地养育孩子。他们很爱孩子，但他们很清楚，真正的爱是让孩子成为独立的个体，成为精神生活充实的自我，成为一个追求灵魂饱满的人。为此，他们愿意为孩子去改变自己，愿意花时间去学习如何爱孩子。他们会从小培养能够使孩子终身受益的习惯。例如，他们懂得从抓住孩子阅读的饥饿期开始，培养孩子的阅读习惯，引导他们通过阅读打开另一扇门，在精神领域上开拓更广阔的世界。鞠艳梅老师还以案例的形式，与家长们分享了很多优秀父母培养出卓越孩子的个案，教导家长如何从具体的日常生活、甚至日常对话入手，理性地爱孩子。讲座的最后时段，鞠老师还就部分家长的咨询问题进行了现场的答疑，传授理性地表达爱的小技巧。有些经验丰富的家长也分享了自己的教育个案，从而引发起热烈的探讨。讲座很受家长的欢迎，很多家长通过家委会成员表达，希望学校多举行这类的讲座，使他们能够分享到更好的育儿教仔技巧。

　　当代社会的人才，不但重视智商，也重视情商。我相信，当我们的孩子长大成人后，社会对他们情商的要求更高。我认为，从小浸泡在爱中的孩子，情商会发展得更好。我去美国考察时，一个美国的家长告诉我们说："我觉得孩子的情感发育和智力发育同等重要。"我也深以为然。习近平总书记也说："做实际工作情商比较重要。"那么，什么是情商呢？简单地说，情商就是一个人管理自己的情绪以及处理人际关系的能力。情商高的标准之一，就是能够体察别人的情绪反映，理解别人的情感变化，能够设身处地地为别人着想，这是爱别人的另一表现。我们经常看到一些孩子成绩优异但待人冷漠，或者动不动就伤害自己。还有成绩很棒的孩子因为和家长的一点小矛盾而轻生，据媒体报道，国内某地就曾有两个孩子因为没完成作业而跳楼自杀。一个在缺乏爱或者是充满畸形的爱的环境中成长的孩子，长大以后怎么会以爱去回报社会、善待他人？一个感受不到爱意的孩子怎么会主动对别人付出爱？一个不懂得管理自己情绪的孩子又如何与社会、与他人和睦相处幸福生活？因此，我们要真正从爱出发，以对每一个孩子负责任的态度，教会孩子去感受爱、珍惜爱并付出爱。要教会孩子对生命充满敬畏和热爱之心，让孩子做到心中有爱，有一颗真诚的心、感恩的心、善良的心。因为一个人要想得到别人的尊重，首先要尊重别人；要想得到别人的爱，首先要会爱别人。投桃报李的道理我们大家都懂，还要教给我们的孩子们。这样他们将来生活的社会才会和谐，才会幸福。

2017 年 11 月中旬，响应黄埔区教育局的倡议，荔园小学发起了为患病急需医疗费的何沛桦和赖佳谊这两位同学的捐款活动。活动由荔园小学大队部的号召和组织，学校家长委员会积极配合，先是各中队利用主题活动课时间向同学们发出倡议，然后举行捐款活动。短短一个星期的时间内，便筹得善款 45729.1 元。学校家长委员会的成员们在杨玉惠副委员长的带领下，从发出倡议到收取善款，汇总班级捐款额，直到全部善款顺利转账，整个过程快捷、及时、高效。学校家委以及家长们用实际行动践行着文明社会尽所能、助他人的优良品德，为荔园的孩子做出了表率。

慈善暖人心，互助见真情！这次爱心捐款活动让全体荔园人感受到了学校这个大家庭的团结、齐心和温暖。师生们也在活动中接受了一次心灵的洗礼。那个星期，学校的电子屏幕上、宣传板报上、家长会刊中等，展示的都是大家点滴的暖心行动。荔园人都衷心希望，爱心能够编织成一条彩带，绘成一幅平安图，送到何沛桦同学和赖佳谊同学身边，为他们战胜病魔增加一分力量。人间有爱，生命不息，荔园小学的教师和家长，就是这样以自己的实际行动，发扬尽己能、助他人的乐善好施的互助精神。言传更是身教，为自己的孩子，也为其他孩子的童年营造更多的温暖。

我们今天的教育是为孩子们明天的幸福生活做准备的，因此，我们要注重培养孩子健全的人格，让其在精神、心理、技能等多方面得到发展，以提高他们未来的生活质量，并助他们实现其人生价值。美国的人际关系学家戴尔·卡耐基说过："一个人的成功，15%归于专业知识，85%归于人际关系。"[①]这里所说的人际关系，应该是一个人在族群中、在团队中被尊重与认可的程度。现在的孩子普遍缺乏处理人际关系的能力，尤其缺乏爱别人、爱自己的能力。很多孩子不懂感恩、冷漠自私、不懂得与人相处和交往。因此，作为教师，要懂得爱的内涵是极其丰富的。包括在理解中的包容，接纳中尊重。爱，是理解孩子成长的规律，懂得他们努力后依然无法达到我们的期望时的沮丧和无力，包容他们在某一时期内持续地犯同一错误，接纳他们很多的"无法学会""无法做到""比不上"，尊重他们长时间无果的刻苦努力，尊重他们小心翼翼才建立起来的点滴自尊。即要以理性的爱，关注着孩子的学习与成长。当孩子出现问题时，给孩子以理性的爱，是解决问题的根本途径。

三、博大之爱关怀弱者

保护弱者是社会文明、国家发展的重要标志。2012 年，我随团去美国考察，参观了美国的一所特殊教育学校。这所学校总共有 118 个孩子，其中 110 个小孩是重度脑瘫的非正常儿童。这 110 个孩子只是活着而已，他们多数都活不过 18 岁。其余 8 个正常儿童都是社区里面经济非常困难的家庭的孩子，招他们来是为了让正常儿童去刺激特殊儿童。美国各级政府投入了大量的人力、物力、财力在这个学校，从而使这个

---

① ［美］戴尔·卡耐基：《人性的弱点》，1 页，北京，中国妇女儿童出版社，2006。

学校的运营费比别的学校高出好多。同时，还有很多社会热心人士以各种形式去捐助这个学校。

可能有人会觉得美国政府这样做其实没有什么意义，因为为这110个人投入再多的人力物力，他们也不可能好转，而且他们也活不长。如果拿这些钱去帮助正常儿童的话，可以培养更多的人才。但是，如果我们换一个角度看，这恰恰是美国政府对民众的一种负责任的态度。对这种弱势群体的关怀，很大程度上是一个社会文明程度的体现。任何生命都是有价值、有意义的，都有权利平等地在这个社会生活。不能说因为残废了或者跟我们不一样就不能生存。更重要的是，美国政府的行为实质上是向社会公众发布了一个信号：无论你怎样，政府不会抛弃你，社会不会抛弃你。身处这个国度、身在这个社会的人，怎么会不因此爱这个社会，怎么会不愿意为这个社会做贡献？大家都很安心，这才是真正安全的社会共同体。这种心理安全其实比外在的环境安全更重要。有心理安全感的人，才会乐于感受生活，才会乐于为社会做贡献。

在教育的实践中，我们总会遇到一些在某些方面显得不符合常态的孩子。如果没人及时解答这类孩子在童年生活中碰到的困惑，在他们遇到困难时没人伸出援手，孩子是不可能健康成长的。作为老师，我们是孩子最坚实的依靠，是他们碰到困难时首先想要寻找的依靠。特别是对于那些天生有点儿缺憾的孩子，学校更应该是他们能够感受到温暖的地方。

四、理性之爱唤醒灵魂

从教二十多年，我和我的同事需要面对各种各样的学生。我们做老师的，用热情去温暖学生，学生就会成长为一个温暖的人；用冷漠去对待学生，学生就会变成一个冷漠的人。我总认为，教育首先是一种情感交流。尤其面对幼小孩子的时候，我们更应该让他们感受到安全，感受到来自学校和老师的爱与温暖。这样他才会对学校有归属感，才能安下心来在学校里学习和成长。在这方面，我也会有意为教师们做出表率。

理性的关爱，包括对学生的尊重、理解、宽容，往往能够激发他们人性中向善向阳的特质。从理性的爱出发，我们就能够更加宽容地对待孩子们。

有一天，我做完了上午的校园观察之后回到办公室，看到桌面上摆着一封表扬信。这不是我昨天亲手写好发给小轩的吗？怎么又拿回来了？打开表扬信，我发现里面还夹着一张字条：

陈校长：

　　昨天是我拿了×××的五十元钱，然后骗老师说是我捡到的。对不起！

看到这歪歪扭扭的两行字，我感慨万千。其实小轩交给老师的钱，是他利用同学上体育课时间独自回教室翻了同学的书包拿的，然后又怕被老师、父母批评，就在老师帮同学找的时候，拿出来交给了老师，并告诉老师是他在地上捡的。鉴于他一直是一个比较淘气的孩子，平时偶尔也会用来历不明的钱到小店买零食吃，老师就留了心，悄悄地调查了解，基本可以肯定是小轩拿的而不是捡的。但这是位经验丰富而且很有爱心的班主任，她非常了解这个孩子，知道他是一个自尊心很强的小男孩，内心很敏感，怕批评与指责反而会给孩子带来恶性心理刺激，所以没有声张，而是顺势在同学面前表扬了他，并把他的事情和我做了汇报。还请我写一封表扬信，亲手发给小轩，鼓励他拾金不昧的行为。同时，老师还和家长取得了联系，讲明事由，请家长做孩子的思想工作。经过家长的教育，孩子认识到自己的错误，主动向家长表达了改正错误的决心，悄悄地把表扬信放回到我的桌面上。

其实在陪伴孩子成长的过程中，像小轩这样的孩子并不是个例。每个孩子在成长过程中总会出现这样那样的问题，总难免会犯些错误。作为教育者，我们必须以一颗宽容的心去对待，时时准备迎接孩子们层出不穷的状况，以理性的爱和温暖滋养他们，守护孩子们的成长，引导他们走上正确的道路。在这个过程中，尊重每一个孩子的成长，让教育照亮孩子成长的每一个细节，让他们逐渐成长为一个有丰富内心、对世界充满善意的人。

图 2-7　爱能让孩子们与周围的世界、与人生建立更丰富更深刻的联系

第三章

走进课程

雅斯贝尔斯指出，教育必须要选择合适的内容，使学生之"思"导向事物的本源，把人的潜力最大限度地调动起来并加以实现，人的内部灵性与可能性充分生成，而非仅是智慧知识的堆集。①

观察孩子的成长环境，我不禁慨叹唏嘘。比如，我发现很多孩子每天要背两个书包上学。一问才知道，是因为放学以后要还上补习班，来不及回家拿补习用的教材和资料，只能上学时一起带过来。每当看到小小的孩子被大大的书包压弯了腰的时候，看到他们每天拖着如出游行李箱一样的书包，上楼梯时得吃力地抬起来的时候，我都会有心痛的感觉。

记得前年学校的开学典礼，学校请来了醒狮队给师生拜年。我发现擂鼓的青年是我二十多年前教过的学生，叫小冬。我做梦也没想过他会是现在这个样子。当年的小冬可是一个直到六年级还常常拖着两条鼻涕、裤子永远只松松地挂在胯上的"问题儿童"。因为父亲长期酗酒，他似乎生下来就不是一个机灵的孩子，反应很慢，个人卫生状况也很糟糕，所以大家都不喜欢他。六年级的时候还常常在上课时间跑到学校的沙池中独自玩耍，学习成绩一塌糊涂，老师们看到他都觉得头痛。可是二十多年的光阴一晃而过，如今的小冬已成为一个积极向上的有为青年。也许，那时大家的"不喜欢"给了小冬一个空间，他在被忽略的环境中习得了对他终身成长产生积极影响的东西。

作为一名教师和学校发展的领导者，面对汹涌而来的课程改革浪潮，我常常在思考：什么样的知识与技能、实践与体验，对学生具有最大的价值？到底，我们的课程改革走向如何，才更符合孩子的天性和教育的本质？事实上，我的答案不会在当下的实践中马上显现。但我相信，若干年后，许多的"小冬"会用行动回答我的问题。

---

① ［德］雅斯贝尔斯：《什么是教育》，4页，北京，生活·读书·新知三联书店，1991。

第一节　且行且思

一、个人真课堂之行

很多年前，我曾经目睹一个年轻小伙子因为肾结石引起的肾绞痛，疼到在医院门诊大厅打滚，拉都拉不住。他那一刻痛不欲生的表情，许多年后依然不时浮现在我的脑海中：年纪轻轻的，为何会受这种苦？教育给他"健康"的概念没有，以至于他如此的不爱惜自己的身体？到底，我们的基础教育，应该给予孩子什么样的东西？这些东西应该以怎样的方式让他们习得，才能真正使他们在小学阶段能够"为幸福人生奠基"？这其实关涉到教育的核心问题：课程。

简单而通俗地说，"课程"的核心问题是：教育教学是为了什么？为了实现这些目标，应该给学生什么东西？如何把这些东西顺利让学生得到？如何知道学生是否得到了这些东西，教育的目标实现的程度在多大？这其实是教育目标、教学内容、教学方式、教学反馈和评价的问题。

当代世界发展迅猛，映射到教育领域，就是课程改革的持续进行。我国自 2001 年正式启动基础教育课程改革以来，已走过了将近 20 个春秋。从《基础教育课程改革纲要（试行）》等一系列政策文件的颁发、学术界的理念研讨，到实验区的实践探索，在取得不少宝贵经验的同时，也发现了不少的问题。在实践中不断地修正、完善、再实践、再修正……这是个持续发展、不断前行、不断摒弃、也不断收获的过程。

面对汹涌而至的课程改革，我打开了视野，习得了理念，学习了技巧。但是其实有两个根本性的困惑一直伴随着我：在小学阶段，如何去协调社会发展需要、家庭对孩子的期望、孩子自身个性的特点和规律这一系列的问题？在校园的真实生活中，如何关照每一个孩子的学习生活状态，让他们有尊严地学习与生活？

　　课程改革把教师的角色定义为学生成长的引领者、学习的促进者、课程的研究者和开发者。在转型成为这些角色的过程中，作为孩子童年生活世界的参与者的我，面对实践中出现的一系列问题，我几乎天天都会思考：学习的目的到底是什么？教师"是对他精神予以帮助的任务完成和清晰性中明白真实性的存在。教师需要安静的环境，通过优秀课文组成的教材，并以良好的教学法手段，在孩子心中播下种子。种子的本质将贯穿于孩子们的一生成长之中。教育活动中的读、写、算的学习并不是技能的获得，而是从此参与精神生活，细心地把握其中的美，而不是外在的手的运作和理解运算。"①雅斯贝尔斯的话，有时会给对现实困惑的我带来清醒。

　　对于个体而言，学习的终极目标就是为了灵魂的饱满，为了更好地生活。这里的"更好的生活"既包括当下的生活，也包括未来的生活。从这个角度看，孩子所有与世界、成人的接触，都是学习。所以，从广义的角度看，孩子的生活世界，就是促进他们发展的课程，孩子所从事的每一项活动，都在促进他们思考。这是大课程观理念，也是"真教育"课程观的理念。

　　小学阶段是为终身发展奠定基础的时期。孩子对学校与知识的价值认识和体验，对良好学习态度与习惯的养成，思维模式的初步勾勒等，都是在这个时期里进行。在小学阶段，孩子主要还是以形象思维为主，情感处事占主导，理性思考在发展。同时，会在周围世界的影响下，孩子们的心胸和视野开始拓展，逐步走出自我中心，关注身边的一切。因此，小学阶段的课程，应该是综合性的，是与日常生活相联系的。教学方式应该尽量形式多样，多种感官齐参与，能够让孩子体会到，知识与智慧就隐藏在身边的事物中，就在身边人的行动中。

　　在我这样的"真教育者"的价值观中，孩子当下的每一分每一秒，都

---

　　① ［德］雅斯贝尔斯：《什么是教育》，35页，北京，生活·读书·新知三联书店，1991。

是在学习，都会成长。他们通过与周围世界的接触，情感和理智在隐性地发展。因此，学校的课程，应该同时契合孩子的情感与理智发展需要，让他们在温馨愉快的学习过程中增长知识、沉积智慧。

在如上的"真教育"课程观启导下，我时刻告诫自己：作为教师，我要让我的每一节课，都变得有温度又有力度，让学生在愉悦中习得知识和道理，让每一个学生都学有所得；作为校长，我要引导教师团队，精心设计教学过程，让学生高效地完成国家课程标准任务，让他们学得愉快，学得充实；课外关注学生的生活，引导每一个孩子身心健康地成长。

美国人提出的学习金字塔理论指出，学习方式是决定学习效果的重要因素。同样一个知识点，我们传统的教师讲、学生听的教学方式，24小时后只能让学生记住 5%。自我阅读可以学到 10%，视听教学的效果可以达到 20%，演示可以达到 30%，参与讨论可以收获 50%，自己动手做可以达到 75%。教别人的效果最好，可以达到 90%。所以当年陶行知先生倡导的"小先生制"是有科学依据的。他启示我：学生已经会的、能够做的，不要再教；学生还不懂，但可以通过引导，可以靠自学弄懂的，要做出引导并给他们自学的时间，给他们思考、讨论的空间，让他们自己弄懂；属于基础原理的，教师的讲授要简明扼要，让孩子听懂。有人曾做过关于学生学习困难的调查，发现一年级小学生基本没有学习性困难，二年级上学期开始逐渐出现。经过分析数据得出的结论是：师生关系是造成困难的因素之一；教学方式单一也是造成困难的重要原因。

因此，作为一名普通教师，我努力使自己的课堂更具创造性、关怀性和思考性。好的课堂一定是丰富的，包括情感交流的丰富、教学方法的丰富、学生学习方式的丰富，由此，学生最终的学习所得也是多样的。在这个变化日速的知识社会，我觉得自学能力对学生的终身发展与成长有着不可或缺的影响，所以，在课堂上我特别注重培养学生的自学能力。我上课坚持一个宗旨：学生已懂的知识，只提醒要注意，不再讲解；学生能够自学弄懂的，尽量让懂的孩子来教不懂的孩子；学生能够在教育方法或艺术的启引下学懂的要重点教。

在课堂上，我上课前会首先问孩子们，教材上有哪些字词不认识、有哪些地方不明白。学生告诉我时，我跟孩子们商量说："你们先看看教材里面的内容，找一找有没有不认识的字词或不懂得的知识点。不认识的字词你们悄悄问问旁边的同学，或者查字典，好不好？你们自己能弄懂的，我就不再在课堂上讲了，行不行？"孩子们很高兴，都说："好啊，好啊。"接下来，孩子们认真的学习课文，同学间、师生间相互讨论一下，在讨论的过程中，我会有意插入一些相关的知识，吸引学生的注意，拓展他们的视野，很快就把教材的知识搞通了。我发现孩子们都喜欢听我讲一讲教材以外的故事。于是，我备课时，把相当的时间与精力花在寻找合适的素材上，力求引入身边更多的鲜活材料，把教材的知识与生活实践联系起来，把抽象的理论知识进行活化。以这样话语开启的课堂，气氛一般会比较活跃，孩子们的学习情绪高涨，所得也颇丰富。

多年来，我一直坚持担任六年级的品德课程的教师结合教材的内容和要求，我重新整理形成了一套教学材料，整合了地理、历史、文学等其他课程的内容，按照主题或者专题来组织，以图文、音频、视频等多种形式来呈现。比如讲人际交往这一主题时，我从学生身边的实际问题引入讨论，同学之间为什么会闹矛盾。讨论后，我再以案例的形式，讲了同学之间相处的一些基础原则。例如，想想自己有哪方面做得不够好，设身处地站在他人的角度想一想，要谦让、体谅别人等。接下来，让学生用小纸条把化解矛盾的办法写下来，写完之后，大声宣读，我再总结一些人际交往的基本原则和沟通交流技巧等。有时，我会下载一些视频，在课上放给学生观看，再让学生围绕主题展开讨论。

除了开发与教材主题相关的素材作为课程资料外，在上课之前，我还会花时间补充最新的资讯内容。我每天都要阅读三份报纸，包括《南方都市报》《广州日报》《羊城晚报》等。在上课以前，会结合课程的主题挑选近期发生的新鲜事件、重要事件、典型事件，形成课程案例，用案例来调动学生的学习积极性，引导学生关注生活，关心社会。平时看到有合适的视频，我会及时下载，留待在合适的课时放给学生看，让他们交流观看后的感想。例如，我曾经用"超级演说家"节目中的两个视频"我们年轻人能为这个世界做些什么""寒门贵子"来教学。学生的兴趣非常大，学习的效果也非常好。有时我会根据这班学生的具体情况，以灵活的方式，如谈话、研讨、自学等，引导学生了解与课程相关的特定资讯，把课本与现实世界联系起来。我希望通过这种方式告诉学生：世界就是教材，学习内容就在我们的身边，要时刻都有学习的意识和行动，只有这样才能真正成为一个具有学习力的人。学生都喜欢上我的课。

二、教学团队真课堂之思

在"真教育"理念指导下的课堂中，整个教学过程非常考验老师的能力。但是这样做不仅对课堂教学效果好，对我自己也是一个不断提升的过程。在信息技术飞速发展的今天，我们不能精确预测明天会是什么样，也不能准确捕捉明天的孩子需要什么。但作为一个人，作为明天的社会人所需要的核心素养，却是我们应该让孩子们具备的。这就是所谓"以不变应万变，在变化中求发展"。我们要对孩子们今后的人生负责任，也要对我们的国家、对我们的民族负责任。我们不能用过去的经验教现在的孩子，并期望他去适应未来的社会，我们也不能用多少年都不变的一套教材来教孩子们去适应变化着的世界。所以，"真教育"课程观，对教师的要求其实挺高的，要求教师不断地学习，不断地成长，要求教师自身的灵魂不断地丰盈。

"教师好好学习，学生才能天天向上。"我想，在现有的体制下，我们要让教师拥有扎实学识，最有效的方法就是加大教师培训的力度，鼓励教师开阔视野增长见识，鼓励教师与国内外同行交流，在分享教育教学经验的同时，也提升教师自己的专业素质。教师的劳动，归根到底是一种个体劳动。每一位教师走入课堂时，都把教学过程握在自己的手里，旁人是无法控制的，也没有一个绝对的标准去衡量其效果。所以教师做的是良心活儿。当然我们可以通过一些管理制度、管理手段去约束老师，去调控和反馈。但教师不是犯人，也不是谁家的奴隶，而是有血有肉、有思想、有情感的知识分子。教师应该拥有"自由之思想，独立之精神"，追求的应该是精神层面的被尊重与被认同。而且根据心理学的研究表明，儿童期的主要学习特点是观察和模仿，教师是学生在学校里主要观察和模仿的对象。谁都不希望孩子观察和模仿一个没有尊严的人。因此，通过不断地培训，让教师的专业精神和专业素养不断得到提升，把工作做得更好，最终受益的是学生。

我深刻地认识到，促进教师专业发展是实现学校腾飞最重要的途径。作为校长一定要把教师团队建设好，然后通过教师团队去教育学生、感染学生，去高效地完成我们的教育教学任务。再优秀的校长，如果没有一个优质高效的教师团队与他配合，那也只能是"巧妇难为无米之炊"。在建设教师团队、提升教师专业水平的工作中，我比较注重制度管理和情感管理相结合。所谓制度管理，那就是要依法依规办学；所谓情感管理，那就是要充分地尊重、信任每一位教师，努力为他们搭建专业化成长的平台，让他们获得职业成就。

无论是制度管理还是情感管理，其实都是为了创设一个公平的、自由的、充满激情的工作环境，让老师们心情愉悦、归属感强，觉得在这个单位工作很开心，同时又能不断地获得职业成就。这样教师就会更加努力地工作，就会发挥自己的积极性和主动性，把工作做得更好，最终让学生受益。所以，对老师好的本质其实还是对学生好。

作为校长，我之所以对教师的要求高，是因为我坚持认为，教育下一代是关系到一个国家和民族的传承和发展的大事，应该让这个社会中最优秀的成员来充当教师的角色。只有这个社会好了，我们大家才能生活得好。所以我常常教育老师们，要把孩子们教育好。只有孩子们健康成长了，成为合格的社会公民了，在我们老了的时候能够支撑起这个社会并让它好好地发展下去，我们的晚年才有可能幸福。而且大家信任我们，把心爱的孩子交给我们来教育，我们要对得起这一份信任。我一定会让误人子弟的教师，即职业道德不达标的教师，离开我们荔园小学这个教师团队，这是我对广大家长的一个承诺。

第二节 砥砺奋进

一、师者课程改革纵深行

作为校长，我不但与其他教师一样，在个人的课堂上不断地做尝试性、创新性的改革，而且还得要思考学校的发展，思考着如何通过引领教师的前行从根本上促进学生的成长。

我认为要在现实中突围，把课程改革推向纵深，首先的任务是要切实改变教师的理念与行动，让他们与课程改革所要求的价值观一致。聘请专家作为学校教师专业发展的学术导师，邀请他们定期过来开展校本培训，是提升教师团队专业水平的有效途径。

自我从进入荔园小学，曾不定期多次邀请高校专业教师来学校为教师作校本培训的讲座。例如，"新时代核心素养与学生发展指导""教师的实践性研究""大课程观在现实中的落实""荔园小学的 MI 体系"等专题，都曾在荔园小学开讲。

为了更系统地开展校本培训工作、有计划地推动教师专业水平的发展，推动学校办学向高品质现代化发展，荔园小学决定聘请长期专职的学术导师。比如，2015 年起，荔园小学正式聘请《中小学德育》杂志社副社长兼总编室主任谢光灵老师担任学校的德育导师，指导学校德育队伍特别是班主任队伍建设，以及推进家校共育的研究与实践工作。通过每学期的班主任经验交流会、家校共育研讨会、市级课题《和谐共生的校园文化生态行动研究》、优秀德育论文撰写、参加全国班主任年会等活动，提升了我校德育队伍的专业水平和德育工作的实效性，也提高了家长委员会的工作水平，使我们能更好地服务于学生的全面发展。2017年，我们又聘请华南师范大学基础教育培训与研究院学校发展与领导科学系、未来学习空间设计研究中心的副主任廖文博士为荔园小学教师团队的学术导师。廖文博士定期来学校为教师们作专业培训和科研指导，有效地促进了教师科研水平的提升。

此外，整合区域间的资源，组织区域内学校与学校之间开展"教、学、研"活动，也能很好地带动教师的专业发展。

荔园小学曾与石化小学、华南师范大学附属初级中学领导班子，共同探讨和分享家校融合教育工作经验。与会人员包括学校领导、家长委员会领导、优秀级长、班主任等。活动主题鲜明突出，取得了良好效果。为探索班主任工作方式方法，2017年7月，荔园小学在花都区炭步镇第二小学组织召开了主题为"好习惯成就好人生"的2016学年班主任工作经验交流会。参加会议的有学校行政班子成员、全体班主任及家长委员会成员。活动特别邀请了学校德育导师谢光灵老师做点评。与会人员均表示受益匪浅。

为探索学科组有效教研的途径，荔园小学从2017年开始，开展语文科组校际联合教研，构建"教学研"共同体。荔园小学与夏园小学、深井小学、恒威小学等兄弟学校组建了教师专业发展共同体，开展语文学科联合教研，定期举行教研活动。研讨是根据当前语文教学的热点和难点进行，既邀请教育专家开展基于案例的专题讲座，也有教师圆桌式的备课讨论。讲座的主题往往由从实际问题出发，基于教学实际案例，探讨如何在课堂中落实核心素养的相关理念，如何有效地实施名师的教学策略等。老师们都认为这种教研方式好，讲座指导性强。

另外，荔园小学经常主动承办黄埔区的各类教学研活动，并以此为契机，引导教师追求专业成长。如2017年5月，荔园小学承办了黄埔区小学语文"三化作文微课堂"研讨课活动。黄埔区教育局教研室领导成员、三化作文微课堂实验团队部分语文教师、荔园小学全体语文老师参加了此次活动。为了实现资源共享，荔园小学还邀请了夏园小学、深井小学、恒威小学部分老师参加活动。活动先展示了两节课。上完课后，授课教师再围绕"三化微课堂"的核心理念进行设计，从教学理念、教学环节、学生评价等方面诠释了"三化微课堂"的含义。黄埔区教育研究中心的老师分别对两节课进行了精彩的点评。"三化微课堂"的讲座，让老师们耳目一新。

现在荔园小学已经营造起良好的专业发展氛围。很多教师申请了校际的小课题，经常写教育反思，在课后记录精彩的教学片段，期末总结成论文集。

实践表明，教师团队的专业发展，与学校的氛围有非常重要的关系。校长可以通过开展多种形式的校本教研和区域教研活动，提升教师的专业水平。

我们把其他很多活动也都做成了促进教师专业发展的平台。荔园小学是省级校长培训基地，经常有校长和老师来跟岗学习。我们在丰顺县、清远市等贫困地区有对口支援和合作的学校。偏远地区的老师过来荔园小学跟岗学习时，需要有人示范。于是，我们就把具有示范水平的老师命名为导师。在学校里面能够做同行的导师，肯定很有成就感。后来，我们还把担任导师和绩效工资、职称聘任挂上钩。因为我们考虑到，只有有能力的老师才能担当导师，所以要跟待遇挂钩。之前没有老师愿意去做对口支援和合作的事情，现在老师们都觉得做这件事很光荣。

我们把党员送课下乡的活动也做成团队建设的平台。每年荔园小学都要做一次"党员送课下乡"活动。学校的整个党支部都参加，到偏远的地方去接受教育。我们也采取团队工作模式，有人负责上课，有人负责评课，有人负责后勤，保证分工明确、细致。我们很多老师也是通过对比而对自己的职业有更清醒的认识，并且产生了追求职业成就感的动力。送课下乡的地方一般都很艰苦，但是那里的老师们在这么艰苦的条件下仍然能够坚持造福一方。我跟荔园小学的老师们交流说："这里的大部分孩子将来可能还是要生活在农村。这里的父辈是农民，以后子辈可能还是农民，但是子辈肯定会发生变化。子辈做农民和父辈做农民不同的地方在哪里？就是思想、素质和价值观改变了。所以，这些老师改变了一方，造福了一方。你们千万不要小看我们的这些同行，他们的贡献一点不比我们小！"因此，每年的"党员送课下乡"活动对我们的老师也是一种精神上的激励和思想上的洗礼，我们很认真地在做。

二、体艺教育的坚守

在当下的教育评价体系中，体育教育和艺术教育是最容易受到学校和家长忽视的，因为那不是考核教师绩效和孩子学业成就的刚性标准。然而，它们对孩子的成长却有着不可替代的作用。或是体艺类课程更符合孩子的天性，因而更受到孩子的喜爱。踏实地将体育教育、艺术教育落到实处，要靠学校的自觉，要靠校长的坚守。这体现出一个学校的教育的理想和信念。

我曾经去一所兄弟学校交流，看他们的科学实验室、音乐室、美术室等都没有用，我就问这所学校的校长是什么原因。这个校长很坦率地跟我说："我们的语数英要统考排名，所以用的是两套课表。"当时，我和我们荔园小学的老师在那所学校带了一节音乐课、一节体育课和一节美术课。结果那个学校的学生高兴得不得了，上完以后学生不想下课，因为他们从来没有上过这些课。当然，这个学校也缺乏相关的师资。

这就是当下课程改革要向纵深发展所面临的现实困境：无尽的期望，有限的资源，先进的理念，落后的评价，等等。相信每一个对教育现实有所思考的同行和家长都会如我一样，天天囿于这样的困境。

然而，我坚信，只要坚持行动，戴着镣铐也能起舞。我在任何一所学校当校长的时候，有两条是摆在最前面的。首先，体育教学和体育活动的开展是优先的。艺术教育也摆在显著的位置。刚开始，我们的语数英老师(即教语文、数学、英语的老师)接受不了。他们老是说语数英是主科，体育和艺术是次科。不愿意把时间花在这类不用统考的课程上。

但在我看来，哪一科都很重要，没有主次之分。体育对智力发育是有帮助的，通常身手灵活的人一定是大脑发达的人，就是我们常说的"心灵手巧"。同时，现代脑科学研究表明，体育活动能大大提高学生的注意力集中度和学习成绩，并能提高数学、阅读和写作考试成绩。日常体育活动是必不可少的，对学生的学习行为和自尊等均产生较大影响。日常体育活动对学生观察力、解决问题和决策能力，以及学习态度、遵守纪律、创造力等方面都有积极的影响，并为学生的身体健康并享受将来的健康生活提供保障。而在比较了音乐家、业余爱好者、普通人的大脑结构后，人们发现音乐能力越强的人在运动、听觉、视—空间皮层脑区的灰质体积越大。说明可能音乐训练经验塑造了音乐相关的运动、听觉、视空间能力对应的脑区。可见，提高学生的艺术素养对促进学生发展是有积极作用的。

基于我对体育和艺术的这些理解，荔园小学绝不能落下艺术教育和体育教育。我刚来荔园小学之前，荔园小学只有两个半的体育老师——两个专职的体育老师、一个校医兼体育老师，所以体育老师加起来只能算两个半老师。两个半的体育老师教 26 个教学班的体育，这是什么概念？国家安排的课时能上完？如果国家安排的课时要上完，每个老师一周要上三十多节课，那是不可能的！那么当时的荔园小学怎么排体育课呢？两个全职体育老师每人每周上 16 节课，兼职的那个校医每周 10 节体育课。剩下的体育课由每个班的老师兼上，比如说语文老师，除了语文课还搭一节体育课。那么语文老师会怎么上体育课？我们国家的小学老师都是专业发展的，没有全科老师，语文老师只会上语文课。这样一来，在大部分情况下这位语文老师肯定把体育课的时间拿来上语文课了，因为如此一来起码能使语文平均分提高 0.5 分，对其本人的绩效考核也是有帮助的。

我去荔园小学的第一个学期就发现这个情况，但是刚去的我不好说什么。第二个学期开始，我就挤了一个位置出来，专门从别的学校聘过来一个退休的体育科组长。然后，我把体育课全部分给这几位体育老师上。我们学校也缺少艺术课老师。我到荔园小学以后新聘了两位艺术课老师。现在，我们能够先保证体育课和艺术课的老师。

对于荔园小学体育组的转变，我花了很多心思。在编制很紧缺的情况下，我想尽办法聘请了一位德高望重的老教师来参与我们的科组建设。当时刚好另外一所小学有一位经验丰富的体育科组长退休了，她是我很要好的朋友。这位老教师在我们区甚至广州市的体育教育方面是非常权威的。在人员非常紧张的情况下，我从区教育局争取了一个临聘教师指标，把她聘来做我们的体育老师，把体育科组的师资配齐。把她请过来的另外一个目的就是让这位"老行尊"来带体育科组。当然，体育科组长仍然让我们荔园小学原来的老师来做。这位老教师每天在年轻的体育组老师身边提醒他们，给他们讲人生道理，讲为人处世之道，讲学科教学策略和方法。所以，体育组的老师们进步很快。这让我进一步感受到，人际资源是最重要的资源，多个朋友真的是多条路。作为校长要善于运用身边的资源，许多事情不一定要亲力亲为才好，通过旁人去推动可能效果更好。我去做体育组的工作就不如这位老同志去做工作的效果好。

学校从区里接到一个任务，希望我们组织一个体育大课间展示活动。在这个活动里，每个班都是不一样的体操套路，每个班的班服也是不一样的，充分体现了多元化、多样性。体育科组组长负责为这个体育大课间活动编排音乐，他还和整个科组的老师来编排整套体操动作。这个过程没有花一分钱。因为每一个体操动作都要配不同的音乐，他们挑了几十首音乐重新编辑剪辑，花了大量的时间。

学校给了体育科组一个难得的展示才华的机会。体育科组长本来就是一位有才华、有能力的老师，这个活动中很多创意是他提出来的。在活动过程中，我们不断地为他提供支持，从校外邀请专家来帮助他、指导他。我带着体育科组长去我在校长培训班的一位同学那里参观。我的那名同学所在的学校请了专家教授指导编排他们学校的团体操。我和体育科组组长看过以后觉得特别好，然后我们又带荔园小学的整个体育科组再去考察。我们详细研究别人是怎么做的。考察完之后，我就跟体育科组的老师打气，我说："只要咱们自己肯想点子，也可以做出自己的东西来。咱们有咱们的特点，不用照搬别人的。咱们做出自己的特色，这样才有成就感。"我跟体育科组组长说："你是有能力的。你见识那么多，一定要把这个团体操搞出来。我们接的这个任务是要在黄埔区的中小学生体育运动会上展示的，很多媒体都在关注。你看这个事情多光荣。你要做好这个事，让人家觉得你是真有这个能力，不是靠嘴巴吹的。"

　　我动员了全校的力量来做这件事，让体育科组长只需要负责设计和编排。他实际上相当于总导演，训练是整个体育组的老师和班主任一起做。班服和鞋袜全部是由家委会来负责的。每个孩子要试衣服、试鞋子，而且要保证每个家长肯掏钱买衣服和鞋子，这都需要做大量的工作。这些后台工作，体育科组组长和体育组的老师也都知道。他们逐渐认识到，这么大一件事情不是只有体育科组在做，而是全校的整个团队在做。但是，别人说起来会说是荔园小学体育科组团队的成果，所以整个体育科组老师都很有成就感。这个任务后来完成得很漂亮，现在成了我们固定的体育大课间活动，还上了报纸和电视，有三十多家电视台和媒体来采访我们。在整个过程中，学校教师的团队合作精神得到彰显，专业才能得到训练，专业素养就是在这样的过程中逐渐提升的。

　　因此，创建教师专业成长的平台，让他们有更多的机会在实践中锻炼自己、提升专业素养，是推动学校的课程改革向前发展的重要举措。

　　有一个老师是从省外引进的骨干教师。原来的荔园小学老校长曾经说她是一个非常棒的老师。我到荔园小学的第一学期，去教育局汇报工作时，局长就问这位老师怎么样。我跟局长说根据我一个学期的观察，这位老师有些默默无闻。因为大家都这样子教书育人，也没有什么特别的展示平台，你凭什么说她好呢？不能凭领导的个人喜好来评价教师吧？通常，小学教师的展示平台是公开课。通过这位老师，我就做了进一步的思考。我想，我们老师的才华不一定都通过公开课来展示，毕竟公开课机会很少，而且大家都已经对公开课审美疲劳了。很多时候，上公开课其实就是作秀。台上都是演员，台下都是观众，闹哄哄地演出一场罢了。很多老师心里对这种"作秀"是不以为然的，也不会产生真正的尊重。

那怎么办呢？我后来就想，我们可以组织大量的活动，让教师通过组织大型的活动，带动学生的成长，促进学校的发展，同时促进自身专业素养的提高。顾明远先生曾经提出"学生成长在活动中"的教育主张。在活动中，学生的素质会得到体现和提升。这些活动是不是老师的教育成果？肯定是的。

荔园小学开展了大量的活动。我们的广播操比赛连续做了两年，这位老师带的那个班连续两届获得总冠军。虽然是广播操比赛，但是能不能体现学生的合作意识、精神面貌？动作的整齐划一程度是不是体现了学生的素养？这些都需要班主任老师去想办法的。这位老师是语文老师，同时也是班主任。她所带的班级，选择是蓝色上衣、白色长裤，非常适合学生的年龄特点。班上所有的女孩子梳了髻，化了淡妆。这些细节别人一般都考虑不到。所以，这位老师所带的班级拿到总冠军，别人是心服口服的。获得连续两届总冠军之后，学校把这个班的集体照放在了学校门口的社区宣传栏，让整个小区都知道。逐渐地，学校的家长都交口称赞说这个老师带班带得相当好，是个好老师。

现在的孩子们普遍有近视的问题。研究表明，让人眼睛保持健康的唯一途径是户外活动。我们现在的孩子为什么近视？因为孩子们书写的姿势不对，但更主要的原因是户外活动缺乏、长期疲倦地用眼。因此，荔园小学现在非常强调户外运动，我们一直坚持冬季长跑。学校的体育组的老师老想着编一个团体操，有人来学校时可以随时展示给大家看。我说做体育锻炼又不是给人家看的，要实用。这一方面我是实用主义。我认为怎么做都比不上每天跑三千米或者五千米。五六年级、十一二岁的孩子每天坚持跑一千米，这是什么概念？无论是肺活量还是身体各方面机能的都会锻炼出良好的效果。我在很艰难的条件下协调各方把小区的道路圈起来，就是为了让这些孩子们能够有个锻炼的平台和场地。

我们每年要开全校的运动会，把全校师生和家长带到区体育中心去开运动会。其实在我之前，荔园小学从来都没有开过正规的运动会，因为学校没有场地。那么，学校没有场地，我们是不是就不用开运动会了？当然，不开运动会也不会有人说我失职。但是，学校运动会是学校文化的重要组成部分，也是一门必不可少的课程。优秀的体育文化能激发飞扬的激情、拼搏的精神、昂扬的斗志，能培育健康的心态、团结的班风、和谐的校风。因此，我愿意去跟别人协调，愿意去费力气做这件事。我们在运动会之前要去踩点，要去招募义工，要组织老师，要做各种各样的协调，要准备奖品，要演习各个环节……开一场运动会真的是要耗费很多人力、物力、财力的。而且我们不是在自己的场地上开运动会，这涉及方方面面的关系协调。不做这件事的人看不到我们工作的辛苦。

但是，如果不做运动会，好多孩子就没有机会得到这种体验，形成不了运动的习惯。有一位家长跟我聊过他的孩子的情况，他说："陈校长，我们荔园小学的运动会开得真好。我的小孩运动会之前为了获取名次，每天去公园里跑步，运动会就获了奖，很高兴。现在不开运动会了也每天去跑。公园里锻炼的人就说'哎呀，这个小孩好厉害啊，我们家的孩子读初中了都没想过要来跑，都跑不赢他'。"所以，运动会在帮助学生养成积极主动的体育锻炼习惯，提高学生的思想道德素质、文明礼仪素质和身体健康素质方面发挥了积极的作用。运动会可以让学生感受到运动的快乐，有助于学生在义务教育阶段熟练掌握1～2项体育运动技能，从而促进学生身心健康和谐发展，让阳光体育滋养学生的七彩童年。

荔园小学的艺术教育也受到重视。我觉得，通常艺术素养较高的

图 3-1　阳光体育滋养七彩童年

人，生活的格调比较高。格调高的人通常不会认同粗鲁的言行、举止和观念，这样整个社会的文明程度、文化程度就提高了。我去英国和美国考察发现，那里的小孩、大人和老人，都有一定的艺术修养。他们能听交响乐，能听音乐会。有一年，我去国外学习考察。当地大学的人很热情地请我们去听音乐会。音乐会的组织者很隆重地迎接我们，还专门做了介绍，参加音乐会的人都起立鼓掌欢迎我们。可是我们都不懂欣赏音乐会，所以很尴尬。当时我就在想，我们怎么活得这么粗糙啊？这实在是跟我们的教育有一定的关系。不注重儿童审美观的培养是我们当下教育的一个现象。一个不高雅的人怎么可能追求精细优雅的生活？怎么可能会让这个社会变得精致优雅呢？怎么可能对更高的文明有追求呢？所以，艺术教育跟我们的社会责任感是有关系的。我希望我培养出来的孩子是有高雅的追求的。将来，他们就能够建设一个更高雅、更文明的社会。所以，我认为艺术教育很重要，要教会我们的学生感受美、欣赏美，进而能够创造美。

　　所以，除了建议家长们让孩子学会并喜爱一项运动之外，我还建议让孩子学会并喜爱一种乐器，哪怕是口琴都好。心情不好时，吹一吹，发泄一下。我很遗憾我小时候没有条件学乐器。但是我喜欢唱歌。有时候，工作很郁闷了，或者碰到很难的事情，我就靠音乐来排解自己的愁闷。我常常约一帮很要好的朋友，专门去唱歌。发泄完情绪之后，第二天睡醒了又很高兴了。这是一种宣泄，正常途径的宣泄。不然憋久了会生病的。学会并喜爱一种乐器很重要，现在的大学里面都有很多才艺展示的机会。少男少女们穿得漂漂亮亮的弹古筝、弹钢琴、拉小提琴，甚至吹口琴、吹竖笛，多好啊。音乐能荡涤人的灵魂，舒缓人的情绪，开发智力（右脑），提升品位。许多著名科学家同时也是优秀的乐器演奏者，比如爱因斯坦的小提琴就拉得出神入化。在工作学习之余，演奏乐器既可愉悦自己也可愉悦别人，为生活平添无限乐趣。同时，音乐培养什么？培养优雅的仪态。

图 3-2 要教会我们的孩子感受美、欣赏美进而能够创造美

我们荔园小学教师配置很特别。比如，有的数学老师要教三个班。这意味着什么？每个班四十五六个人，三个班就接近 150 人。对于数学老师而言，这是很大的工作量，单单是批改作业就很累。我们还有一位语文老师要教四年级两个班级的语文。如果在别的学校出现这种情况，多数校长会把体育和艺术的老师的指标各腾一个过来，用于引进一位数学老师和一位语文老师。所以，我们黄埔区教育局领导经常说我跟别的

校长不一样。别的校长一开口就跟教育局要语数英（即语文、数学、英语三门科目）老师，我从来不要语数英老师，我要体育老师和艺术老师。我跟教育局的领导说，我是跟别人不一样的，因为我认为体育和艺术更重要。

三、搭建平台引发展

为了促进教师更好地适应课程改革发展的趋势，不断提升专业素养，我想尽办法搭建了很多平台。比如，我们跟广东工业大学和华南理工大学合作，搭建了科技辅导平台。我们申请了很多项目，建立开放式校园，争取到很多社会资源。这样一来，我们的老师就可以不断接触不同的平台，获得在课堂以外的职业成就。

荔园小学的科技辅导做得很好。为什么我们要做科技辅导？因为这是针对很多男孩子的平台。在儿童期，男孩子要比女孩子的专注力弱一点，自控力也要弱一点。让男孩子做科技活动其实是激发他的兴趣。第一，培养他的专注力，让他自己做某件事情。第二，让他从这里获得荣誉、获得成就感，激发他自我发展的内驱力。很多参加科技活动的孩子学习的成绩并不是最高的，但他们是能从这个活动里面获得成就感的。进而发现他们其他方面的能力也得到了提高。

在我们黄埔区，荔园小学是拿到广州市教育局科技立项最多的学校。电视科技小达人赛，全广州市有 10 个学生进决赛，我们荔园小学每年都占了两个。科技活动既给我们的孩子提供了发展平台，也给我们的老师提供了施展才华的平台，效果非常好。我们现在把科技上升到办学目标，把我们的办学目标设置为"全面发展，科技领先"。我们希望进一步把小学生的科技辅导做成熟，凸显学校的科技辅导特色。我们的科技辅导实施"普及和提高齐抓、通识和特长共长"的大科普教育策略，以培养"科学素养和人文素养兼备的创新后备人才"为目标，采取"主管领导负责制下的项目管理"运行模式。以青少年调查体验活动为核心，开展包括科技创新、机器人（虚拟机器人）、天文、建筑模型和环保等内容的青少年科普教育活动，取得了丰硕的成果。2013—2017 年，师生在"全国青少年科学调查体验活动"、"全国青少年科学影像节"、"全国科技辅导员论文比赛"、全国"我与航天"征文、"空间站设计"等市级以上比赛中获得近五百人次的奖项。2015 年和 2017 年均被中国科协、教育部、中央文明办、发改委、共青团中央联合授予"'全国青少年科学调查体验活动优秀活动'示范单位"。

我们的传统教育过多地强调教师讲授和学生记忆，过多地强调书本知识，但是忽略了学生应用知识解决实际问题的能力。荔园小学的教师要突破这个瓶颈，把课堂改革持续推向纵深。雅斯贝尔斯认为"教师传达内容时言简意赅，使儿童受到思维明晰性和理解力的锻炼，以及获得对事物确切的了解"[①]。荔园小学的各科组集体备课时，每一次都围绕主题，通过对具体课堂的研讨，提高教学艺术和智慧。在 2018 年 1 月 14—16 日与丰顺县潘田中心小学的帮扶学习中，送课的主题围绕着"提升小学生高阶思维的提问技术"进行。上课后，专家以评点为形式做讲座，与上课教师一起进行现场问答，研讨的氛围很浓。事后的反馈问卷显示，这种形式的帮扶助教活动，对荔园小学与潘田中心小学双方教师的专业提升均有较大的作用。

我们会经常在学校大舞台上面颁发各式各类的奖项，像科技活动奖、体育竞赛奖等。只要获了奖就让孩子们上来，隆重地给他们颁奖。学校有两支礼仪队，一支是学生礼仪队，一支是教师礼仪队。教师礼仪队一般在大型活动的时候用于接待外宾，学生礼仪队主要负责同学们的颁奖、给嘉宾戴红领巾等。让一个孩子站在舞台上领奖，校长和学校的领导带着礼仪队员亲自给他颁奖，能够激发孩子的成就感。

我还深切地感受到，外出学习对教师专业成长是非常重要的。我经常在广东省校长班和广州市校长班学习，我有很多同学都是省、市优秀

---

① ［德］雅斯贝尔斯：《什么是教育》，30 页，北京，生活·读书·新知三联书店，1991。

校长。这些校长领导的团队都很好，文化建设、课程建设都比较先进。于是，我就带着荔园小学的老师去这些校长们的学校考察。我希望荔园小学的老师多去看看别人是怎么做的。我们学校有一部分老师的视野比较狭窄，他们一直待在黄埔区，觉得荔园小学在黄埔区已经很好了。我让大家去跟广州市，甚至全国真正有积淀的名校比，加强反思。我们也创造了很多让老师去全国各地学习的机会。去年，我们还专门办了一个英国的游学团，派了三个老师带队去英国。我希望用这种方式来把老师们的视野打开。

第三节　乘风破浪

我一直坚持认为，教育应该着眼于未来，因为教育是为孩子将来的幸福生活做准备的，所以要为孩子的终身发展奠基，让他能够更成功地寻找到自己的幸福未来。同时，教育也要关注孩子当下的生活状态，力求每个孩子都能够在学习生活中体会到快乐，感受到来自世界的关怀和温暖。荔园小学确立了"给孩子一个快乐的童年，给人生一个坚实的起步"的办学宗旨，让学校办学符合儿童期的成长规律，让学生在儿童阶段能有幸福快乐的回忆。根据台湾心理学者研究表明，儿童期快乐的人，更能够在成年以后取得高成就。因为快乐的人心胸更阔达，更能够以快乐感染周边的人，从而获得更和谐的人际关系，并促进良好的品性和习惯的养成。

到荔园小学这些年来，秉持着"真教育"课程理念，结合当前课程改革的发展，根据荔园小学的办学历史，我们研发出一套"暖记忆"校本课程。根据荔园小学办学的核心理念——"每一颗童心都灿烂"——这套"暖记忆"校本课程，要让孩子在荔园小学学习的时光成为他们人生当中一段温暖而美好的记忆。这一段色彩斑斓的童年记忆，承载了孩子对美好生活的理解，也承载了孩子继续追求美好生活的决心和勇气。

一、南风荔韵·暖记忆课程①

(一)"暖记忆"课程的教育哲学

儿童是上天赐予我们的宝贝,是世界的未来,是人类的希望。我们的儿童观是:每一个孩子都重要;每一个孩子都是一个奇迹;每一个儿童都有其与生俱来的、需要被激发被点燃的天赋和特长。

从心理学的角度说,每个人都渴望被赞赏、被尊重、被认可。因此,每一个教育者应该建立起这样一个信念:只要我们能够给每一个孩子提供适合他的教育,激发出他对自我价值的认识,帮助他建立起对自己拥有才智的自信心,其实每一个孩子都能获得成功——这就是学校文化的核心,也就是我们的教育理想和信念,代表着我们对教育和人的本质的看法。

我们尊重孩子的个性差异,公平地对待每一个孩子,关注每一个孩子的心灵成长,努力找到每一个孩子的闪光点。给他们展示的机会和平台,帮助他们建立自信心,让他们自主地发展。

基于上述教育哲学,我们提出了"每一颗童心都灿烂"的办学理念。我们认为,只有努力让孩子眼界开阔、精神舒展、灵魂自由,孩子才能形成最具发展潜力的好个性,才有机会创建自己的幸福人生。

(二)"暖记忆"课程的实践理念

我们要让孩子在荔园小学学习的时光,成为他们人生当中一段温暖而美好的记忆。我们要让孩子通过在荔园小学的学习,成为一个真实、善良、健康、快乐的有丰富内心世界的人。"穷则独善其身",尽量不给别人添麻烦,不做精致的利己主义者,不会为了自身获利而去伤害别人伤害社会;"达则兼济天下",尽所能助他人,让世界变得更加美好。我们认为:

课程即温暖记忆。"暖记忆"课程是感受生命之美好的课程。我们的任务不仅仅是要培养具有扎实学识的学生,更重要的是要培养会合作、

---

① 参与此部分编写的还有我的同事陈娟、林琼、凌国松、黄瑜。

会感恩、会生活的"有温度"的学生。当荔园小学的学子离开学校后，回忆起六年成长的点点滴滴时，在他们的头脑中永远保存着对母校最温暖的回忆。荔园小学的"暖记忆"课程，给孩子们留下了一段充满爱与温暖的美好记忆。也为孩子们正确地理解生活的意义和个体存在于这个社会的价值，培养健康的社会兴趣和人际交往能力，从而不断地超越自我、实现自身和社会的和谐发展，提供了丰富而精致的环境。

课程即广阔世界。"暖记忆"课程是体验生命之美好的课程。我们也认识到，除了教学，学校还可以发挥更大的作用。我们努力确保每个孩子都享受到教育的益处，并协调社会所有的服务部门，使得每个孩子都得到所需的帮助和支持，能够不断进步。所以我们十分关注在地文化。我们与学校所在区域的许多部门保持良好的联系与沟通，建设了强大的学校办学支持系统，为孩子们提供了丰富的优质的成长环境，力争让每一个孩子都成长为对社会有用的人才。

课程即生命旅途。"暖记忆"课程是理解生命之美好的课程。我们常常在思考，孩子在荔园小学生活和学习了六年，毕业时应该带走什么？我们希望，首先应该带走的是一段充满爱与温暖的美好记忆。在这一段色彩斑斓的童年记忆中，承载了孩子对美好生活的理解，也承载了孩子继续追求美好生活的决心和勇气。

课程即自我生长。"暖记忆"课程是创造生命之美好的课程。人的潜力是没有局限的，只要肯去挖掘，每个人都有成功和飞跃的机会。因此，我们坚信"每一个孩子都能成为更好的自己"，努力让每一个孩子的成长需要都得到满足，为每一个孩子搭建个性化发展的平台，发展孩子的智力长项，建立孩子的学习信心，激发孩子主动学习的内驱力，使他们能够自主学习，自我发展。

我们强调个体的参与和体验，建构以小组合作学习为主要模式的教学方法，倡导启发式、探究式、讨论式、参与式的多元化教学方式，帮助孩子学会学习，激发其好奇心，培养孩子对于学习的持久的兴趣，关注其心灵成长，让孩子拥有快乐而精彩的学习旅程。

总之，我们的课程模式是，通过让学生感受、体验、理解、创造生命之美好，最终形成学生生命中的"暖记忆"的一系列过程。

(三)"暖记忆"课程的目标

"感恩心做人，责任心做事"是我校一直奉行的育人目标和原则。作为黄埔区的标杆小学，荔园小学的育人使命与区域的历史文脉和战略发展息息相关。一方面是把民族精神作为立身之本，另一方面是把国际视野作为成功之基。荔园小学的育人目标正是对此目标的追求。它是荔园小学育人使命的现代诠释。

我们要努力把学生培养成"爱家国，知感恩；有梦想，敢担当；会学习，能探究；有情趣，能审美；爱运动，乐生活"的、具有民族精神和国际视野的合格现代小公民。

1. 爱家国，知感恩

家国情怀是中华民族最伟大的情怀与传承。感恩是一个人责任感、使命感的源泉，感恩教育是当代小学生的必修课。

2. 有梦想，敢担当

有梦想的人生是快乐的人生，敢担当的人生是崇高的人生。梦想与担当同在，相辅相成。

3. 会学习，能探究

探究性学习是学生自主探索问题、研究问题、解决问题、获取知识的一种学习方式。

4. 有情趣，能审美

艺术的最高目的，就是使人们更深地懂得生活，进而更加热爱生活。审美教育是学生全面发展教育中不可缺少的组成部分。当我们给学生们一种起着心灵感应作用的审美教育时，就能让学生在美的享受中接受高尚、健康的思想感情的熏陶，这是一般道德说教难以达到的。

5. 爱运动，乐生活

生命是一段旅程，人生是一场修行。运动是一切生命的源泉。我们应该培养学生对运动的热爱，培养学生对生活的热爱和对生命的执着。

表 3-1　"暖记忆"课程低中高年级目标细化表

育人目标	课程目标		
	低年级	中年级	高年级
爱家国知感恩	爱家人、尊师长；会对家庭和学校的付出表示感谢。	热爱祖国、热爱社会；自己能做的事不麻烦他人；能为同学、老师、家人提供力所能及的帮助。	学会感恩生活，感恩自己目前拥有的一切；并转化为学习和前行的动力。
有梦想敢担当	能树立小目标；能和同学和睦相处。	有自己的近期规划，并为之努力。	学会换位思考，承担自己的责任与义务。
会学习能探究	养成基本的听说读写的兴趣和习惯；能在日常生活中提出"为什么"，有自己的看法。	热爱学习、喜爱阅读，感受科学的魅力，能够独立思考；积累一定的知识和学习技能；已养成读书看报的习惯。	能利用原有知识经验去解决问题，通过"学、思、问、探"等多种方式，去挖掘自己的内在潜力；既获得新知，又培养学习能力和掌握一定的探究方法。
有情趣能审美	培养基本的艺术爱好；积极参与各项活动；初步形成感受美的能力。	开发对艺术的感知力，体验艺术带来的美感；能简单美化自己和身边环境。	在各项艺术活动中提高艺术欣赏水平与创造能力，并有了一定艺术底蕴；有一项以上艺术特长。
爱运动乐生活	掌握体育运动的基础知识和基本技能，养成运动的兴趣与习惯。	养成主动参与锻炼的习惯，具有竞争进取的意识；热爱运动，进而热爱生活。	掌握两项以上运动技能；热爱生活；关注自己与他人的身心健康。

(四)"暖记忆"课程的内容体系

从内容来看，我校"暖记忆"课程包括小博士课程(科学探索课程)、小文人课程(语言交流课程)、小达人课程(艺术审美课程)、小健将课程

（运动健康课程）、小公民课程（思想品德课程）五大类。从实施的组织形式来看，包含分年级课程（必修）与混龄课程（选修）。课程内容呈螺旋式上升趋势。

表 3-2　分年级必修课程表

年级		小博士课程（科学探索）	小文人课程（语言交流）	小达人课程（艺术审美）	小健将课程（运动健康）	小公民课程（思想品德）
一年级	上	数学 科学	语文 经典诵读 阅读 英语 Sight words	音乐 美术	体育 阳光大课间 功夫操 中国象棋 围棋	班队会 品德与生活 心理健康 健康教育 专题教育 研究性学习
	下	数学 科学	语文 经典诵读 美文阅读 英语 外教口语 Sight words	音乐 美术	体育 阳光大课间 功夫操 中国象棋 围棋	班队会 品德与生活 心理健康 健康教育 专题教育 研究性学习
二年级	上	数学 科学	语文 经典诵读 阅读 英语 外教口语 Phonics	音乐 美术	体育 阳光大课间 功夫操 中国象棋 围棋	班队会 品德与生活 心理健康 健康教育 专题教育 研究性学习
	下	数学 科学	语文 经典诵读 阅读 英语 外教口语 Phonics	音乐 美术	体育 阳光大课间 功夫操 中国象棋 围棋	班队会 品德与生活 心理健康 健康教育 专题教育 研究性学习

续表

年级		小博士课程 （科学探索）	小文人课程 （语言交流）	小达人课程 （艺术审美）	小健将课程 （运动健康）	小公民课程 （思想品德）
三年级	上	数学 科学 综合实践活动	语文 硬笔书法 阅读 英语 外教口语 绘本阅读	音乐 美术	体育 阳光大课间 功夫操 羽毛球	班队会 品德与社会 心理健康 健康教育 专题教育 研究性学习
	下	数学 科学 综合实践活动	语文 硬笔书法 阅读 英语 外教口语 绘本阅读	音乐 美术	体育 阳光大课间 功夫操 羽毛球	班队会 品德与社会 心理健康 健康教育 专题教育 研究性学习
四年级	上	数学 科学 信息技术 综合实践活动	语文 软笔书法 阅读 英语 外教口语 绘本阅读	音乐 美术	体育 阳光大课间 功夫操 游泳	班队会 品德与社会 心理健康 健康教育 专题教育 研究性学习
	下	数学 科学 信息技术 综合实践活动	语文 软笔书法 阅读 英语 外教口语 绘本阅读	音乐 美术	体育 阳光大课间 功夫操 游泳	班队会 品德与社会 心理健康 健康教育 专题教育 研究性学习
五年级	上	数学 科学 信息技术 综合实践活动	语文 软笔书法 阅读 英语 外教口语 绘本阅读	音乐 美术	体育 阳光大课间 功夫操 足球 长跑	班队会 品德与社会 心理健康 健康教育 专题教育 研究性学习

续表

年级		小博士课程（科学探索）	小文人课程（语言交流）	小达人课程（艺术审美）	小健将课程（运动健康）	小公民课程（思想品德）
五年级	下	数学 科学 信息技术 综合实践活动	语文 软笔书法 阅读 英语 外教口语 绘本阅读	音乐 美术	体育 阳光大课间 功夫操 足球 长跑	班队会 品德与社会 心理健康 健康教育 专题教育 研究性学习
六年级	上	数学 科学 信息技术 综合实践活动	语文 软笔书法 阅读 英语 外教口语 绘本阅读	音乐 美术	体育 阳光大课间 功夫操 乒乓球 长跑	班队会 品德与社会 心理健康 健康教育 专题教育 研究性学习
	下	数学 科学 信息技术 综合实践活动	语文 软笔书法 阅读 英语 外教口语 绘本阅读	音乐 美术	体育 阳光大课间 功夫操 乒乓球 长跑	班队会 品德与社会 心理健康 健康教育 专题教育 研究性学习

表 3-3　混龄选修课程表

小博士课程（科学探索）	小文人课程（语言交流）	小达人课程（艺术审美）	小健将课程（运动健康）	小公民课程（思想品德）
3D 打印 机器人 科学观察 小小科学家 天文科普 建筑模型 种植 微拍 科技幻想画 无人机	经典诵读 语言艺术 软笔书法 硬笔书法 口语交际 绘本阅读	烘焙 烹饪 木工 编织 十字绣 剪纸 舞蹈 合唱 古筝 长笛 舞狮	篮球 足球 羽毛球 乒乓球 独轮车 轮滑 围棋 中国象棋 啦啦操 健美操 击剑 武术	广府文化 礼仪茶道 公益大讲堂 礼仪教育 班级论坛 有趣沙龙 劳动实践

111

(五)"暖记忆"课程的实施

构建童心课堂，即在课堂教学中"以儿童为中心"。老师应考虑儿童的个性特征，使每个学生都能发展他们的特长，尊重儿童在教育活动中的主体地位。即遵循儿童发展规律，走进儿童心灵，以童真、童趣、童和、童创为基点发展学生的童智，来发现儿童、尊重儿童、相信儿童、赏识儿童、发展儿童。具体来说就是老师要在课堂上创设童趣盎然教学情境，激发学生学习的兴趣，让学生始终处于一种良好、和谐、愉悦的学习氛围中。让每个孩子都觉得学习是快乐的，是幸福的，并且乐此不疲。

童心课堂有以下特点：在教学目标上，体现"情智"互促；在教学内容上，体现"丰富"意识；在教学过程上，体现"和谐"要求；教学方法灵动；教学评价多元；以大爱为教学文化。

童心课堂是有趣的课堂，应按照"儿童的样子"，遵循儿童生命发展的"次序"与"规律"对儿童实施教育。每一个孩子都是学习的主体。童心课堂应该为每一个孩子搭建个性化的平台，发展孩子的智力长项，帮孩子建立起学习信心，激发孩子主动学习的内驱力，使他们能够自主学习实现自我发展。

童心课堂是丰富的课堂。童心课堂把世界当作教材，而不是把教材当作世界。生活即教育，我们的学生走出课堂，通过小组合作的方式探索世界。

童心课堂是和谐的课堂。"和谐"是有效课堂的追求目标。课堂教学应该体现塑造学生和谐健全人格的教学理念。根据学生的年龄特点、个性特长，设置多种课程，以满足学生的发展。

童心课堂是灵动的课堂。

表 3-4　童心课堂的评价体系表

评价项目	具体要求	分值					得分
教学目标	内容简约，选择恰当，与教学目标相对应。	10	8	6	4	2	
	教学目标具体明确，符合课程标准要求、教材和学生的实际。	10	8	6	4	2	
过程与方法	贴合学生身心发展规律；任务多样化，满足不同学生的需求。	10	8	6	4	2	
	重视学习方法的指导，善于培养学生的能力。	10	8	6	4	2	
	课堂教学结构合理，讲练时间分配恰当，教学效率高。	10	8	6	4	2	
	充分体现学生的主体地位；练习有层次性、启发性。	10	8	6	4	2	
效果与评价	达到教学目的，全体学生理解掌握了教学内容。	10	8	6	4	2	
	课堂气氛活跃而有序；学生参与度高，思维活跃，具有创新性。	10	8	6	4	2	
	评价方式可操作性强，评价方法科学，具有激励性和制约性。	10	8	6	4	2	
	评价方式多样化，以过程性评价为主、终结性评价为辅的评价体制。	10	8	6	4	2	
总评							
备注							

(六)"暖记忆"课程的综合实践活动

1."童心节日"的主要类型

开展有校本特色的"每月一节"系列学术节。我们以一系列学术节作为"童心"的活动载体，丰富学生的生活，发挥学生的特长，展示学生的才能，促进学生的发展。

(1)读书节

我校的办学特色之一，是创建"书香校园"。学校充分整合、利用环境资源，创造书香氛围浓郁的校园环境，引导学生博览群书、开拓视野、丰富知识储备、不断提升整体综合素质。我校语文科组依据每年的学校工作计划设计校园读书节系列活动，有方案、评比和表彰等。主要活动安排如下。

三月：读书节开幕式、汉字书写大赛、讲故事比赛和手抄报比赛。

四月：经典诵读比赛、跳蚤书市活动、读书节闭幕式。

(2)体育节

学校体育科组依据每年的学校工作计划设计校园体育节系列活动，有方案、评比和表彰等。主要活动安排如下。

四月：校园广播操队形队列比赛暨体育节开幕式。

五月：校园篮球赛。

六月：校园足球赛。

十月：篮球嘉年华活动。

十一月：学生田径运动会暨体育节闭幕式。

(3)科技节

学校科学科组依据每年的学校工作计划设计科技节系列活动，有方案、评比和表彰。具体活动安排如下。

二月：二月即是寒假的结束又是新学期的开始，以"丰收"为主题围绕寒假中种植的收获开展送祝福、种植成果展示等项目，有方案和展示。

三月和四月：科普知识竞赛、校内科技小达人、科技创新发明比赛，围绕美化环境主题，开展植树、地球一小时节能环保活动，有方案和展示。

五月：围绕全国青少年科学调查体验活动开展启动仪式、科技嘉年华等一系列活动，有方案、有评比和表彰。

六月至八月：四年级科技夏令营、五年级高新企业、工厂调研活动，有方案、有评比和表彰。

九月：全国科普宣传日活动有，方案、有评比和表彰。

(4)艺术节

学校艺术科组依据每年的学校工作计划设计艺术节系列活动，有方案、评比和表彰。优秀作品、活动和节目将在艺术节闭幕式中全方位展示。具体安排如下。

五月：艺术节开幕式暨"唱响校园，童声飞扬"校园歌手初赛、"跳动旋律，多彩童年"器乐比赛、百人书画比赛。

六月："唱响校园，童声飞扬"校园歌手决赛。

七月：六年级毕业典礼暨艺术节闭幕式专场文艺汇演。

2."童心节日"活动过程

活动过程分为以下三个阶段：

第一阶段，发动准备阶段。制订《荔园小学"童心活动"总方案》，在学校进行全面广泛的宣传和动员。

第二阶段，组织实施阶段。根据学校总方案制订各比赛项目详细方案，安排各场比赛的时间，进行班级海选、学校初赛、决赛。

第三阶段，闭幕式、表彰阶段。在活动中表现突出的个人和班级由学校颁发奖状和荣誉证书。根据具体情况，在闭幕式中全方位展示、展演优秀作品、活动和节目。

3."童心节日"的评价

表 3-5 "童心节日"活动要求与评价表

评价项目	具体要求	分值					得分
方案	活动方案详细，分工明确，考虑周全。	10	8	6	4	2	
	做好各种突发状况的预案。	10	8	6	4	2	
内容	内容主题突出，形式多样。	10	8	6	4	2	
	富有趣味性，能吸引学生参与。	10	8	6	4	2	
实施	活动严格按照方案实施，提前做好各种准备，每个项目有专人跟进。	10	8	6	4	2	
	活动每个环节安排的紧密有序，没有因为考虑不周而导致的突发状况。	10	8	6	4	2	
效果	活动深受学生喜爱，能达到活动目的，使学生收获良多。	10	8	6	4	2	
	活动气氛良好，质量高。	10	8	6	4	2	

续表

评价项目	具体要求	分值					得分
评价	评价方式可操作性强，方法科学。	10	8	6	4	2	
	评价结果做到公平、公正、公开。	10	8	6	4	2	
总评							
备注							

(七)"暖记忆"课程的领导与管理

1. 价值领导

坚持以"给孩子一个快乐的童年，给人生一个坚实的起步"为办学宗旨。围绕"每一颗童心都灿烂"的办学理念，在教育教学过程中重视价值领导，促进教师不断提高学习、研究、反思的自觉性，增强教师创新意识及创新能力，提升教师的职业精神和专业素养。

2. 组织建设

成立"童心教育"课程开发领导小组，由校长、分管校长、教导主任、少先队总辅导员、教研组长、年级组长、特聘学术专家、学校家长委员会领导等成员组成。校长担任组长，分管校长担任副组长。领导小组是学校课程开发、建设、实施、评价的最高机构，负责课程的审批、立项、分类组合等。

课程开发领导小组：教导处、教研组长负责课程的开发、实施与常规管理工作，包括计划总结、人员安排、检查、反馈与评价等。

课程发展顾问：做好外联工作，及时聘请专家对课程开发与建设进行专业诊断，不断提升课程质量。

全体教师均参与课程的开发与实施，对课程的效果进行及时的反思和反馈，及时收集整理课程实施的过程性资料，以便科学评价课程的实施效果。

3. 制度建设

建立和健全课程建设的管理与考核奖惩制度，主要依据有：《荔园小学课程建设制度》《荔园小学教师参加课程建设奖励制度》《荔园小学课程建设管理考核细则》。

4. 评价导航

实施教师课程建设"三挂钩",即与年度考核挂钩、与评优评先挂钩、与绩效考核挂钩。以现代管理促进课程建设规范化和常态化。

表 3-6 "暖记忆"课程的要求与评价表

评价项目	具体要求	分值					得分
课程目标	课程目标清晰明确,知识、能力和情感目标齐全。	10	8	6	4	2	
	符合学生的身心发展水平和特点,考虑到学生分层的因素,贯彻因材施教的原则。	10	8	6	4	2	
课程内容	课程内容与课程纲要、教学大纲的要求吻合。	10	8	6	4	2	
	教材框架清晰,有序列性,内容丰富,具有特色,能满足不同学生的需求。	10	8	6	4	2	
课程实施	课程实施管理制度完善,措施得力。	10	8	6	4	2	
	教师对课程实施难度、学生兴趣、资源配置、课程改进等内容进行客观及时反馈。	10	8	6	4	2	
课程效果	能激发并维持学生对课程的兴趣。学生评价良好。	10	8	6	4	2	
	能及时收集、整理学生学习的过程性资料,反馈课程实施效果。	10	8	6	4	2	
课程评价	评价方式可操作性强、方法科学,具有激励性和制约性。	10	8	6	4	2	
	评价方式多样化,突出过程性评价为主、终结性评价为辅的评价体制。	10	8	6	4	2	
总评							
备注							

5. 培训保障

"童心教育"课程开发的主体是教师。因此,首先应该着力于教师的校本培训研修,把开展校本培训研修作为提高教师专业素养、建设高素质教师队伍的一项系统工程来抓，将校本培训纳入学校、科组和个人的长期工作目标和年度工作计划中。建立"校长负责，处室协管，教研组长、年级组长分管，骨干教师帮教"的管理体制。要求每一位教师都必须制订个人成长计划，使校本培训既有统筹规划，又有个性发展。

6. 课题研究

通过聘请教育研究专家，进行有针对性的指导，帮助教师开展有效的课题研究，促进教师通过学习、研究，达到以研促学、以研促培、以研促改的目的，提升教师参与课题开发与建设的能力。我校正在进行的课题主要有市级课题《构建和谐共生的校园文化生态的校本行动研究》和《语言艺术进课堂》。

7. 家校合作

教育家杜威说："民主不仅是一种政府形式，它首先是一种共同生活的方式，是一种共同的交流和分享经验的方式。"[1]家校合作是学校推进民主化进程的重要手段，也是学校获得社会支持的不可或缺的重要途径。因此，学校要与共建单位、社区和家长加强合作，建立学校办学的强大的支持系统。以包括家庭和社会等学生能够获得知识和经验及技能的场所为主阵地，把课堂拓展到社会领域，开阔师生的视野，让学生的学习方法变得更加生动、更加丰富多彩。增强学生学习的积极性和自主性，让学生真正能够发展自己的兴趣爱好，寻找到自我价值，从而建立自信、体验成长和成功。

实践表明，荔园小学的"暖记忆"课程的丰富性、精致性和活动性，有效地促进了孩子的成长。一个兴趣广泛、见多识广的孩子，其学习的领悟力一定是比较强的。

涵盖了体育、艺术、科技、生活技能四大类的四十多门选修课，成为最受学生欢迎的课程。该课程实行全校混龄走班制教学，每学年开放一次网上选课系统。学生可根据自己的兴趣爱好选择想学习的课程。选

---

① ［美］约翰·杜威：《民主主义与教育》，92页，北京，人民教育出版社，1980。

修课全部实行小班化双师制教学，热门的课程很快被"秒杀"。这从侧面反映出学生对某些活动课程的兴趣很高。每学年结束时，学校还会开展网络问卷调查，根据学生的意见，不断调整和丰富课程。现在，科技建模、3D打印、电脑机器人、周圈活动、无人飞机这些最前沿的科技已经走进了我们的课程。选修课的师资主要由三部分构成：本校教师、高校等专业机构和家长志愿者。比如，我们和广东工业大学合作开设了科技建模课、微拍课、3D打印课，和广东省天文学会合作开设天文课，和南海神庙博物馆合作开设民俗文化课，和广州市农业科学研究院合作开设生物种植和观察课，和联合木艺工作室合作开设木工课，和区少年宫合作开设武术、舞狮、街舞、啦啦操等，和区少年业余体校合作开设篮球、击剑、足球、乒乓球等。还有烘焙课、烹饪课、轮滑课、独轮车课、茶艺课、剪纸课、器乐课、合唱课、绘画课，等等。孩子们都很喜欢也很享受。我相信，"创客"必须从很小的时候培养，尤其要培养孩子们的兴趣和动手能力。

"暖记忆"课程就是要努力提供丰富的、多元化的课程。让学生找到自己的兴趣点，快乐地成长。学生如此，老师也是如此。老师参与课程研发和实施的过程也是专业提升的过程。比如，我们跟广东省青少年科技教育中心建立联系，为科技辅导、团体操提供后勤保障支持，平台运行和活动开展所需要的人力、物力、财力我们都提供支持。这样一来，就比老师孤军奋战要好很多。有些课程需要作为公开课对外进行展示，也是按照平台来运作的。其他人给上公开课的老师提供需要的帮助。从备课、出点子，到上试讲课，只要上课老师有要求的，都有一个团队来辅助的。其他的杂务，包括带学生、搬桌椅等，上课的老师统统不用操心，只需要一门心思负责把公开课上好就可以了。"暖记忆"校本课程的研发，为学生带来多样化、综合化课程的同时，在荔园小学营造起一个"人人为我，我为人人"的教师团队专业成长文化。大家互相研讨、彼此支持，教师与孩子共同在荔园小学的校园里幸福地生活，健康地成长。

今后的荔园小学，将成为一所精致的现代化学校，也将成为一所充满爱与温暖的学校，一所面向全体、全面发展的高品质学校。我们要在"每一颗童心都灿烂"办学理念的指引下，努力让学校里的每一个孩子都能感受到爱与温暖，也让孩子学会给别人爱与温暖。让每一个孩子都能在这里找到发展的平台，能够张扬个性与特长，体验成长与成功的快乐。使学校真正成为孩子们成长的乐园，让学校教育真正为孩子们的人生奠定坚实的基础。

二、善用隐性课程促成长

除了创建"暖记忆"课程外，我特别重视校园文化的建设。因为校园文化即是隐性课程。当课程改革突破课堂与教材的束缚，必然走向生活世界。因此，校园的文化建设，成为课程改革向纵深发展的重要体现。

在荔园小学的校园文化建设上，我确立了"和谐共生"的核心文化理念，努力构建"和""善""诚""乐"的校园文化生态，打造一种宽松、愉悦的校园氛围和"人人为我，我为人人"的价值追求。我希望我们荔园小学培养出来的孩子，能够与他人、社会、自然、自己和谐共处，和谐共生。

在大课程观理念的指导下，我在荔园小学提出建设"开放校园"的理念：把校门打开，让外面的正能量进来，给孩子以更多的教育；带学生走出社会，开展综合实践活动，体会真实的世界。"开放校园"理念和做法为荔园小学的每一个孩子提供了鲜活的课程资源，为他们的发展提供了很好的展示平台。

经验告诉我，要把校园真正开放起来，使家庭资源、社区资源、社会资源源源不断地流向学校，成为孩子们学习的素材，作为学校的领导者，需要做好如下的工作。

首先，学校领导以及教师团队，都要有开放的胸怀，与共建单位、社区、家长加强合作。学校逐步建立起强大的共建体系，与部队合作，与消防中队合作，与边防检查站合作，与派出所合作，组织学生走进黄埔军校、部队驻地、消防局；邀请维和部队警察来学校讲故事，请警务区警长做法制宣传教育，请消防官兵参与学校的应急疏散演习并点评。开放学校运动场地，让学校与社区融为一体；打开校门，让学生走进社区，参与社区管理活动。

其次，要把孩子带出课堂，开展大量的社会实践活动。我很赞同陶行知的"知行合一"理论。只有看过牡丹花的人才能想象"牡丹花很美"，否则无论怎么告诉学生"牡丹花很美"，他的脑海里都难以形成一个"美"的概念。根据学生的年龄段，学校每年都会安排不同的课外实践活动，比如参观博物馆、科技馆、黄埔军校，到海军部队看军舰，到消防局考察，到老人院慰问演出，开展垃圾分类义卖活动，集体春秋游活动，等等。

建设开放校园，还要让学生有更多的机会接触不同的人。学校坚持聘请英语外教。在加强英语教育的同时，让学生有国际视野，知道这个世界有不一样的人、有不同的习俗文化。另外，组织学生到不同的地方去，了解不同的群体。比如，组织学生前往英国游学，到北京参加国旗仪仗队的培训。今后，学校还会多组织师生走出国门，到一些文明程度较高的国家和地区参观学习，和当地的孩子一起感受课堂、感受生活，让学生在和不同的人的接触中，感受不同的文化，打开自己的眼界，形成自己的思想。这样学生们的心胸才会更开阔。

为了更好地贯彻《综合实践活动的实施原则》，荔园小学根据广州市委组织部的安排，创建了"山海对话"实践课程，引领学生、家长、教师共同成长。

"山海对话"是由广州市党代表发起、市委组织部组织实施，对革命老区和边远贫困山区开展帮扶交流的党员志愿服务系列活动。其目的是促进区域均衡发展，搭建校际交流学习平台，实现优质资源功效，促进学校互相学习和共同提高。荔园小学于2016年5月根据广州市委组织部的安排，与陕西省延安市黄陵县双龙镇中心小学组成了"山海对话"结对帮扶学校。自此，根据双方签订的帮扶协议，我校每年4月派出优秀党员赴延安支教，并送去全体师生和家长的捐款；每年11月邀请双龙镇中心小学六年级师生到广州参观学习一周。"山海对话"实施了几年，开发成为真正促进彼此成长的综合实践活动课程。实践学习的目的要求、内容行程、方式途径、总结评议等，每年由双方根据实际需要制定，活动前有方案和计划，把具体事务落实到个人，由此形成了独具特色的"山海对话"综合实践课程。

2017年11月30日至12月6日，荔园小学按计划邀请了双龙镇中心小学六年级32名学生和6名教师来校进行交流学习。双龙小学一行38人于11月30日晚上到达广州，受到荔园小学行政领导、家长委员会委员、志愿者家庭和荔园小学师生的热烈欢迎。荔园小学为32名学生精心准备了校服、书包等。32个志愿者家庭把结对孩子带回家，与自己家孩子开始7天同吃、同住、同学习的帮扶之旅。在随后几天的学习活动中，双龙小学的师生参与了荔园小学的所有教育教学活动。活动内容包括学校办学思想交流、学生进入课堂学习、参加校运会、研究性学习校外实践活动、珠江夜游等。志愿者家庭还在周日安排了丰富多彩的活动，带着双龙小学的孩子们参观广州，感受城市发展给人民带来的幸福生活，享用广州的特色食餐饮，让红色革命老区的孩子们充分感受国际大都市的魅力，感受广州人民给予的爱与温暖，激发他们积极向上的决心和勇气。

活动结束后，学生、教师、家长共聚一堂，总结收获与成长、总结经验、完善方案，以备下一次活动做参考。每一年的活动，学校都将过程性资料整理，制作《家长报》发给全校家长，以此宣扬学校的大课程观和特色活动。

通过本次交流活动，荔园小学的全体师生和家长更深刻地体会并践行了"尽所能，助他人"的文明生活理念，促进了"和谐共生"学校文化生态的建设，提升了学校的办学影响力，为师生提供了交流与学习的平台。同时，也为革命老区的师生提供了与更广阔的世界建立联系的机会，赋予了他们努力发展的力量。

　　有一些综合实践活动，面临很多风险，特别是安全问题。但是我觉得不能因噎废食，所以，我会想尽一切办法，为开展这些有益的实践活动创造更多成熟的条件。如我校每年都做毕业班的毕业游，带领学生去寻找教科书中出现的地方，追溯文化的源泉。我校所有带队老师的费用都是办公经费出。我校每年还带四五年级的孩子们到北京，参加国旗仪仗班训练营，还登长城、看故宫。其实把团队带好了，让每个老师都尽心尽力，发生事故的概率就会小很多。我校六年级学生去贵州毕业游，我并没有亲自带队，而是委托两位主任带队。他们同样管得很好，工作做得很细致。带学生出去的工作量常人是想象不到的。我们的团队可以把方案细致到一个老师守住多少个学生，队伍前面是哪个老师带，队伍后面是哪个老师看着，每一个人都有合理的分工。还会做"行前带队教师培训""家长专题培训""学生培训"，让每一个人都清楚自己的责任和团队的要求，也能广泛地征集到意见和建议，避免出现漏洞和差错。在这个过程中，每一个成员，无论是老师还是学生以及家长，其实都获得了成长。所以，做好团队很重要。

　　我们还注重利用社会的资源，开展更多的社会实践课程。比如海军部队和我们共建，利用每个学年9月份的第三、第四周共两周时间为孩子们做军训。我们跟消防部队也是共建关系，每年安排学生去消防部队参观、演习。消防部队对我们开放，提供很多展示、体验的机会，教孩子们逃生、消防等常识。我们还聘请了消防部队的一位士官做消防辅导员，学校每一次的逃生消防演练，都会请这位士官来指导。天安门国旗护卫队第一届国旗班班长赵新峰在北京办了一个国旗训练营。每年寒假我们都会派四五年级的学生到北京参加学习。我们学校附近住着一个老兵，我们请他来给孩子们讲历史。我们还聘请了校外的法律顾问，在每个学期开学时给学生和家长做法律常识普及。我要求我们的法律顾问采用案例的形式讲解，并且注重现场交流互动。

图 3-3　教育应该着眼于未来并关注孩子当下的生活

荔园小学确立了"给孩子一个快乐的童年，给人生一个坚实的起步"的办学宗旨，让学校办学符合儿童期的成长规律，让学生在儿童阶段能有幸福快乐的回忆。我认为，快乐的人心胸更阔达，能够以快乐感染周边的人，从而获得更和谐的人际关系，并促进良好的品性和习惯的养成。一个出类拔萃的人，除了个人能力强，还需要有良好的人际关系和团队的支持。

借助课程改革向纵深发展的这一时代趋势，我们荔园小学的各项工作都走上了一个新台阶。教师的专业素养得到显著提升，正逐渐由传统的知识传授者，转变为课程的研发者和学生的学习伙伴兼教练。教师团队呈现出学习、研究、发展的精神风貌。

第四章

社会反响

雅斯贝尔斯说:"一个民族的将来如何,全在于父母教育、学校教育和自我教育。一个民族如何培养教师,尊重教师,以及在何种氛围下按照何种价值标准和自明性生活,这些都决定了一个民族的命运。"①因此,我坚信,教育是一个由家庭、学校、社区,乃至整个社会组成的系统。系统里的每一个个体,都是或隐或显的利益攸关者。每一个个体的哪怕当时看上去是极其微细的行动,都最终会直接或间接回归到行动者本人身上。

作为孩子成长的引路人、教师职业生涯的指引者、学校未来走向的领航人,我特别注重整合教育资源:向家长指明科学的养育之路,对教师点明教育事业幸福之源泉,把社区及社会的关注力牵引过来,设法形成目标一致的合力,尽最大的力量把荔园小学引向光明的未来。

我的家就在学校旁边。记得有一年的夏天,空调维修师傅到我家维修空调。这位师傅发现窗户外就是荔园小学,于是非常有感触地说:"这是一个很好的学校,我儿子曾经在这里上学。当时是这里的曾老师教的。我儿子小时候很淘气的,但是曾老师对他特别好。我儿子现在已经上中学了,成绩非常棒,马上就要参加高考了。他经常跟我说,遇见了曾老师很幸运,要感谢曾老师!"这是一种真实、由衷的赞美,而不是客套的奉承。我以此为自豪且自勉,在荔园小学教师会议上讲了这个真实的小故事,打动了很多老师。我们的目标是使学校成为一所家长支持、社区尊重、社会认可的"家门口的好学校"。故事给教师们增添暖意,增强了他们的职业尊严和价值。

---

① [德]雅斯贝尔斯:《什么是教育》,54页,北京,生活·读书·新知三联书店,1991。

第一节　巧管善治

一、巧管促发展

当代学校的管理者，除了要有坚定的教育信仰外，还需有一定的魄力，把教育信仰化为教育理念，再落实到实际的管理工作中。在这个过程中，校长需要有善管巧治的技术，利用种种有利因素，因势利导，把管理工作做好。

在实际工作中，上述措施还不足以完全缓解每个教师的职业倦怠。当正向激励很难调动老师的积极性时，有一些老师需要给些压力。或者说一个单位需要一些反向制约，且反向制约的方法是需要琢磨的。例如，我们的教师流出机制，包括组织谈话制度为什么能够平稳有效地落实？就是因为我们坚持了共同的交流和分享经验的原则。每一年的年度考核、利益分配的时候，我们一定要先开一次大会把规则讲给老师听。告诉大家哪些是不许做的，哪些是要你做的，做了不允许做的事情会有什么后果，为什么要这样规定。

我们的组织谈话制度也是非常规范的，我们有专门的《组织谈话记录本》。假如教师出现工作失误或犯了一些小错误，我们要不断通过谈话提醒。组织谈话一定是某位负责的领导谈。旁边有专人记录，把谈话内容一五一十地记。记完之后，谈话记录要请被约谈的老师过目，看看是不是谈的这些内容，是不是提了这些要求，你自身做了什么承诺。最后由被约谈的老师亲笔签名。如果这位教师下次再犯类似的错误，学校就可以把谈话记录作为处罚依据进行处罚了。另外，谈话记录也可以纳入年度考核。所以，学校被动调出去的老师，之前都经过组织谈话的。不可能冷不丁地把一个教师调走，那他肯定接受不了。而且学校肯定是一次又一次的提醒。当然，我们的方式肯定是比较温和的，要不然人家会觉得很难受，还是要将心比心。实在是要调离某位老师，我还是认为多个朋友好过多个敌人。"人情留一线，日后好相见。"我们不会做得非常难看。比如，某位老师出现了什么问题，我们会请教导处或者某个部门去提醒一下，或者聊聊天。这种聊天就不记录了。如果聊完之后还是没有什么效果，我们一般再要求主管领导想办法提醒。如果主管领导提醒之后错误依然没有改正，那我们就会要求部门领导再找他谈。三次提醒后仍然没有改进，我们就要求组织谈话了，那就比较严重了。因为有这样的程序，所以我们受到处理的老师一般都是服气的。

当然，团队建设要宽严相济。谈话制度真正用到的时候少之又少，但是我们要想保持教师队伍的高水平，这样细致的工作就必须做。更多时候，我们是为教师提供宽松的环境。我自己也提出教师管理的"退一步"法则，要求我们领导班子注重教师的人性化管理。我在学校的班子会议详细讲过"退一步"法则。

什么是"退一步"法则？就是说在个人利益跟集体利益发生冲突的时候，只要不违反大的原则，只要不阻碍到学校的发展，只要不给将来带来更多的人为障碍，在公平的前提下，先要照顾个人的利益。个体有困难我们要帮他一起来克服，回过头来个体会有更好的心态、更好的精神去面对以后的工作。如果在个体有困难的时候不能支持帮助他，就让他对这个集体没有归属感，反而不利于团队建设。

学校里面的老师，总有这样那样的要求。比如有的老师身体不好，或者家庭面临什么实际的困难。在这样的情况下，他提出来说暂时不做哪一项工作或者需要调整工作。第一次提出时，我们一般都满足他的要求。只要不违反大的原则或者让学校整体工作有什么被动的局面，每位老师在我们这里都有一次让学校"退一步"的机会。

学校有一位中年教师，上个暑假的时候刚刚做了手术。医生诊断说他的病情有可能恶化，可能需要治疗，这样一来他就很焦虑。他本来是班主任，教一个班的语文。很多家长当时是奔着他去的，给自己的孩子挑了他的班。这位老师最近就提出了一个申请，申请暂时不做班主任。本来按照我们的要求，语文老师没有特殊的情况一般要教一个班语文和当一个班的班主任。如果不当班主任，那就要教两个班的语文。这位老师提出这个要求的时候，我正在北京学习。我们学校班子的同事就打电话跟我说这个事情。我说，你们在校的班子成员先商量，自己定，也不一定每一件事情都要告诉我。副校长给我打电话说，他和管教学的副校长商量过，认为这个老师的情况比较特殊，按照"退一步"法则是可以接受他的要求的。但是同时又有另外一位老师提出来说，他妈妈生病住院了，他也不想当班主任。这就同时两个情况摆在这里了。我就问副校长，你们对后面这位老师的申请打算怎样处理。他们说前面那个生病的老师，有医院的证明，按"退一步"法则来处理的话不违反大原则、不影响学校整体工作。后面这位老师的情况需要另外考虑，因为家人生病的事情谁都有可能面临。工作是工作，生活是生活，不能因为家人而影响到学校工作的全盘推进。我就跟学校的班子成员说："你们对这两个教师的回应方式是非常正确的。"

"退一步"法则是我自己总结出来的。但是我们的"退一步"是只退"一步"，不退"两步"甚至更多步。每个人机会均等，只有一次机会。不能这次提出的要求让学校退步了，那下次再提一个另外的要求。那是不行的。使用这个"退一步"法则，我也要求我们班子的同事永远站在有道理的一方，站在理直气壮的一方。

根据我多年的管理经验，"退一步"法则的效果是比较好的。所以我们的管理是制度管理加情感管理，既有制度约束在前，同时又有情感管理来调和。让大家觉得很温暖，并觉得在这个团队里面工作的自己得到了尊重和爱护。老师也需要有安全感和归属感。有安全感和归属感之后，老师才更愿意为这个团队去努力。古人讲："仓廪实而知礼节，衣食足而知荣辱。"其实，人在物质追求达到一定的程度之后，总要有精神方面的更高层次的追求。也可以说人在谋求生存追求物质的同时，总是蕴含着对荣誉、尊严、地位的追求。随着物质保障带给他的安全感越强，他对尊严荣誉地位的追求会越高。

我不能认同的是，"人性化"就是稀里糊涂地过日子，"人性化"管理就是"和稀泥"的管理，"人性化"就是老师提出的要求学校都要无条件地满足、无原则地退让。这些不叫人性化，而只是对小部分人的"伪人性化"，而且这小部分人的"伪人性化"是要牺牲大部分人的利益的。"伪人性化"不是真正的人性化。真正的人性化应该要照顾到每一个人，照顾到全体，在公平的条件下去关注个体。关注个体的时候不能脱离公平的原则。公平的状态下，今天他可以享受"退一步"带来的便利，明天我也可以享受。而且，享受学校的这种关心爱护和福利，是以不影响学生的成长、不损害学生和家长的利益为前提的。

以上制度的建立，需要教师的广泛和深度参与。因此，民主应该成为校园的空气。教师的职业倦怠感和校园内的不和谐，在很大程度上是因为教师没有参与组织建设的渠道。荔园小学的制度制定过程，除了遵循上位法之外，主要采取自上而下与自下而上相结合的方式，坚持以"大力推进依法治校，努力构建和谐校园"为指导思想开展校务公开工作，使学校工会顺利完成了新一届工会委员的改选工作。每年召开一次年度教职工大会，审议并通过《校长学年工作报告》《学校财务年度工作报告》《工会年度工作报告》《校务监督委员会工作报告》。考勤制度、值班制度、绩效考核制度等，都通过工会的组织而取得了所有教师的参与和认同。同时，还成立了荔园小学师生申诉委员会、校务监督委员会。在完成了新一届党支委的换届改选工作之后，学校党支部也进行了党支委的分工。定期召开党支委会，讨论学校党支部的各项工作和发展，每年召开党员大会审议并通过《荔园小学党支部年度工作计划》《荔园小学党支部年度工作总结》，还定期开展各种专题党员组织生活会。在"创建先进党支部、争当优秀党员"活动中彰显了荔园小学党支部的特色和亮点，凝聚了人心，昂扬了士气。

这样大力度的一个改革，可能有来自各方面的压力。但是真正好的改革是不怕的。我想，有人施压的话毕竟也是小团体，顾及大部分人的利益就好了。改革没有办法让每一个人都满意，主流是好的就可以了。如果一项制度的出台能够切实地推动学校工作的开展，推动学生的发展、教师的发展、学校的发展，那么这项制度就是好制度。如果这项制度有问题，它阻碍了学校的发展，那这项制度要么要修订，要么就要考虑用另外一种制度来替代。我是以这样一个标准来衡量改革。

另外，我们年度考核办法、绩效改革等的推进肯定要依法依规。合法合规的前提下，我来促进学校的进步与发展，有什么错呢？管理者只要能够站在有道理的一方，就不会有太多的阻力，因为大部分人还是讲道理的。

归根结底，管理的秘诀在于民主集中制。我始终相信，"民主应该成为学校的空气"绝不只是一句口号。

我们荔园小学成立了校务监督委员会，设立了师生申述委员会，召开教师年度大会等。我们的校务监督委员会、师生申述委员会、工会都不是虚架子，而是实打实地发挥作用。其中，师生申述委员会就设立在工会。我到荔园小学的第一年就设立了师生申述委员会。如果师生觉得待遇不公、处理不对、校务不公开等，都可以去申述。申述委员会把申述意见反馈给学校。学校再开行政会来讨论。该上报的上报，不该上报的事项或者我们学校能够讨论决定的事项则由学校处理。

民主还应该是师生共同的生活方式。我们要做到公开透明，越是公开透明大家越不会去猜。负面的东西越少，人的心就会越阳光。每年一次的教职工年度大会，首先我作为单位法人，要向全体教职工作《学校工作报告》，汇报全校上一年度做了什么工作，获得了什么成绩，存在哪些不足，今后如何改进。然后，总务处要做一个《财务工作报告》，报告1～12月我们的总收入是多少，总支出是多少，有多少个项目。每个月每一个细项都要汇报。然后，工会作《工会工作报告》，报告上一个年度为教职工办了什么实事。工会去慰问生病的老师和退休的老同志，很多人不一定清楚，那就要有一定的渠道让他们知道。工会专门有一本账的，一个季度用了多少钱，剩下多少钱，都要在教师年度大会上晒出来给大家看。最后，我们还要征集提案，希望老师们对学校的发展提出意见和建议。

但是，民主不等于吵架，也就是说民主集中制要解决好程序的问题。我们的教师年度大会分为预备会议和正式会议。正式会议是不讨论的，所有的讨论都放在预备会议进行。正式会议的第一个议程就是奏唱国歌，然后是《学校工作报告》《财务工作报告》《工会工作报告》和《关于提案征集的报告》，最后是闭幕式，奏唱国际歌。为什么要有这样一套程序？就是给我们教职工发布一个信号——这是一次庄严隆重的会议，这么庄重的会议是不允许争吵的，要严肃对待。要给大家一个仪式感。我们的预备会议的时长一般为一个半小时，正式会议的时长不到一小时。但是，我们的幕后工作可能从几个月前就开始了。这样，大家就不会在正式会议上吵。在大会上争执有什么意义？两人在会议上吵，肯定吵不出一个合理的结果来，而且下面会有很多人附和。时间长了就把整个学校的风气都搞坏了。

幕后的工作要靠平时耐心、科学、合法、合理地推进，要让教师最大限度地参与到决策中来。比如，我到荔园小学的第一年，就修订了《考勤制度》，重新规定了上下班时间，重新制定了《教师值班制度》，要求每天一定要有老师值班。同时，我们还修订了《绩效工资分配制度》《岗位设置方案》和《教师年度考核制度》。我用了一个学期来观察和调研，然后组织这些规章制度的修订。修订过程基本做到让所有老师都参与进来，自下而上和自上而下相结合。刚开始，这些规章制度的修订稿征求了厚厚的一本意见。很多老师反对，因为碰到了他们的"奶酪"。但我是很有耐心的。凡是涉及个人利益的制度，我从来都是很谨慎的。我首先不用行政命令来强行推行新的规章制度，而是交给工会来调研和征集意见。工会是什么？工会是教职工的"娘家"，以保障教职工利益为主要责任。所以，工会应该在涉及教师切身利益的问题上发挥组织作用。

但是，工会也不是完全按照教师的个人意见来，要遵循法治原则，比如岗位设置。我们学校可以通过工会自主搭一个框架出来，但是这个框架要有理有据。有政策的要依政策，有法律的要依法律。如果没有政策和法律的话，就先按惯例来，先不要打破惯例。如果惯例不合理，就按民主集中制的原则来修订，先民主再集中。

民主和集中都有一定的规则。我们征求意见时是很严格的，每个人只代表自己，不代表其他任何人，不能说"我们"怎么样。任何人没有资格这样说，除非有他人的委托书。比如，有老师说我们年级组怎么样，那就不行，除非拿出年级组全体教师的委托书来。所以，我们对改革方案征求意见时要求实名制。方案发给每一位老师，哪一条哪一款不合理，老师要将自己的意见写下来并且亲手签名。每一次的意见征求过程中，总有几条是争执得很厉害的。工会对这些难以统一意见的条款进行整理，学校再组织领导小组开会。领导小组开会讨论时，首先寻找法律依据，没有法律依据的查看有无惯例，没有惯例的最后讨论形成一个条款，然后再把这个条款拿给老师们讨论，让老师们发表意见并亲笔签名，如此反复几次。工会在此过程中起组织和调和作用，因为工会是教职工的代言人。这样一来，矛盾就会越来越少。因为自下而上反复了这么多轮，意见都在过程中给化解掉了。到最后，我们的改革方案等往往都是在全体教师大会上全票通过，没有人说不同意。

这些规章制度、改革方案一旦通过，就一丝不苟地执行，这就是学校管理的基本依据。所以我们在学校管理的过程中遵循的是"有规有矩，有依有据"的原则。通过这一过程，我们把制度慢慢地规范起来，使所有的老师都在一个公平的环境中。好的制度一定不是针对某一个人的，而是面对全体的。

在我看来，校长真的就是学校的领头羊，你往哪里走大家就会跟着你走。学校要怎么走，走哪条路，走到多远，这个真的是由校长理念决定的。但是大家愿不愿意跟着校长走，能不能跟得上校长的步伐，靠的是校长的智慧，靠的是校长的管理能力，其实就是靠校长的领导力和创造力。

二、善治创和谐

在学校的实际运作中，学校与社会会有博弈，学校与家长会有分

133

歧。这就需要我们站在有道理一边，智慧地处理。有时要"共治"，有时需"善治""巧治"。

现在的小学一般都是常态分班，荔园小学也是常态分班。但是，2013年我去荔园小学的时候是有实验班的。当时，三年级、四年级、五年级每个年级分别设置了两个互联网未来教育实验班，每个这些实验班的学生要交3800元购置一台笔记本电脑，用互联网进行教学。设置实验班的时候，学校曾经承诺给这些实验班配备最好的老师。实际上，这些实验班基本一学期到头都不用电脑上一次课，因为网络和后台服务都跟不上。而且老师上一堂课需要花一个月时间来备课。

显然，愿意交3800元到实验班的家庭通常是比较富有的，因此生源素质也相对较高。其他班级的学生就感觉受到了歧视。我到荔园小学的第一个学期，当时有个四年级的学生就跟我说："陈校长，我们是普通班，老师说我们是垃圾班。""垃圾班"是家长的说法，但是通过老师转述给学生，又传到了我的耳朵里。

老师当中其实也有"垃圾班"的看法和说法。比如说，教师甲和教师乙是同事。教师甲教实验班，所教的实验班学生少、小班化，每个班只有三十来人。教师乙教的普通班每班有四十五六个人。教师乙的工作量肯定比教师甲的工作量大。然后绩效考核是按照考试成绩来确定的，实验班生源好、人数少，考试成绩一般也会更好。那也就是说教师甲的工作量小，工作难度比教师乙小，绩效考核还比教师乙好。教师乙干得多、工作难度大，绩效考核却不如教师甲，拿的反而比教师甲少。教师乙肯定不服气。但是，不服气也不能对领导撒气，那教师乙对谁撒气？最后只能是带着负面情绪教孩子。孩子不会，上课不听，作业没写好，考试不好，教师乙就会斥责孩子，忍不住了就会骂"垃圾班""垃圾"！

我听到"垃圾班"的说法之后很惊讶，简直不能接受，专门开全校教师大会说这件事情。我说："荔园小学的每一个孩子在我的心目中都是天使，都是非常好的。在我的心里只有淘气孩子，没有坏孩子。坏孩子是我们大人教出来的。身为老师，我们应该是'诲人不倦'，而不是'毁人不倦'。希望我们的老师今后要谨言慎行，我再也不要听到'垃圾班'这样的说法。"

我要求老师们一定要告诉孩子，说你们都是好样的，每个人都有自己的闪光点，都有值得别人学习的长处和优点。我跟老师们讲，我活了快五十年，从没有见过一无是处的人，也没见过十全十美的人。每个人同时有优点和缺点，上帝是公平的。我们中国人讲究和谐。什么叫和谐？比如，太极是阴阳两面，有阴必有阳，有阳必有阴，不可能只有一面。我说我们大家都学过哲学，要客观理性地考虑这个问题。

我到荔园小学之后的第二个学期，到学期中间的时候，二年级有一个语文老师怀孕了，要保胎。这样一来，她所教的那个班的语文就没有人上了。区教育局又不给我们进人指标——保胎是不让进新老师来代课的。当时我们行政班子商量来商量去，就想从三年级实验班的老师里面调人来上二年级的语文课。二年级是没有实验班的，三年级的两个实验班，一个班29人，一个班30人。于是我们就打算把29个学生的班级的语文老师抽出来，顶替怀孕保胎的二年级语文老师，并且当班主任。三年级剩下的另一个实验班的语文老师上两个实验班的课程。教这个30人的三年级实验班的语文老师是年级组长，能力很强，教三年级两个实验班的语文完全是没有问题的。而且，三年级两个实验班的数学、英语老师也都是全校最好的老师。

没有想到，有29个孩子的这个三年级实验班的家长们不同意学校做出的上述调整。家长们在QQ群里面指责我，说我一来荔园小学就拿他们的孩子开刀，说我损害了他们的利益。他们还在群里面讨论要去区政府上访。在我来到荔园小学之前，曾经有一个班的家长因为不满意老师而去区政府集体上访，当时学校满足了这些家长的上访要求。因此，三年级实验班的家长们就在QQ群里交流，说上一届家长通过上访达到了目的，那么他们也可以去区政府上访。

然后，某个星期四的中午，一群家长把我围堵在学校会议室，给我做工作，说当年交了3800元，说学校违反了承诺。我清楚地记得，那天中午十二点，下着大雨。家长们把我堵在会议室，不让我走。当时是学校的整个领导班子坐在那里应对，现场真的是学校和家长对峙了。我坚持学校的安排不做妥协。我跟家长们讲了三条理由。第一，根据《中华人民共和国义务教育法》，每一个孩子都有平等享受教育的权利。没有人是应该搞特殊化的，没有人特别高贵也没有人特别低贱。第二，我们学校是独立法人，我是这个法人单位的代表，拥有法人代表资格证的，独立法人意味着我们有法律赋予的办学自主权。第三，荔园小学是政府公办学校，我和我们的老师都是政府聘用的人员，不是某个家庭聘请的家庭教师或家庭仆人，不是某个家庭的私有财产，因此不受家长的支配。

我说我作为校长的理念是每一个孩子都重要，不能说仅仅是哪一部分孩子重要。不能牺牲一部分人来成就另外一部分人，这是我作为一个校长必须坚持的。办人民满意的教育，是要大家都满意，部分家庭的利益诉求不能以牺牲别人的利益为代价。

讲完这些道理，我又把学校所面临的缺教师的困难情况摆给这些家长听。我说现在我们讲道理，我把情况摆给你们看，你们来告诉我如果你是校长你会怎么办。如果你们的方案比我的好，那我听你们的。但是家长们仍然不理解学校，那天从中午十二点熬到下午两点。后来，家长们看学校的态度很坚决就走了。

星期四的对峙以后，只隔了星期五一天，到星期六的时候，家长们又堵住了我。当天我有一帮学生毕业二十多年了要聚会，我答应了要去参加这个聚会。结果一大早上，三年级实验班的家长们给我打电话，让我去和他们谈。

所以，到星期六的时候就发生了家长和学校的第二次对峙。从家里去会议室的这段时间里，我就提前打了几个电话做出一些布置。首先，我们学校的一位老师的孩子也是这个实验班的学生，我要求学校的这位老师必须赶到学校。因为他既是学校的老师，又是学生的家长，他应该在对话现场。后来我又考虑了下，我和学校的副校长都是新调任到荔园小学的，只有教导主任是学校里最了解情况的人，因此我打电话请教导主任也到对话的现场。教导主任当时也刚好外出，但是她接到电话以后说立即赶回来。我表示不着急，您慢慢来，路上注意安全。

就这样，我把学生的聚会推掉，来到学校会议室。当时总共来了19位家长。那个实验班总共有29个学生，还有一部分家长是不愿意露面，但是在背后支持这19位家长的。这露面的19位家长对我"晓之以理，动之以情"，跟我讲了很多道理，说希望这些孩子将来成为荔园小学的骄傲。

我跟家长们讲："作为荔园小学的校长，我负责任地告诉大家，我的目标是荔园小学的每一个孩子都是荔园小学的骄傲。不能只有29个，一定是1134个孩子！"那时候，荔园小学全校共有1134个孩子。我说："这1134个孩子应该都是我们荔园小学的骄傲，这是我们的目标。我不管他将来是在卖豆腐也好，读清华北大甚至出国留学读哈佛大学也好，他们在我眼里都是可爱的孩子，都是我们的骄傲。因为他们将来能够顶天立地，能够在社会上自力更生，不给别人添麻烦，不给社会增加负担。只要我们的孩子将来能够作为家里的顶梁柱，能够自立自强，他就是我们荔园小学的骄傲。哪怕他是扫大街的，我都为他骄傲。"我希望这些家长能够认同学校的理念。

但是当时这19位家长听不进这些道理，他们就是磨来磨去的，坚决不同意学校的安排，希望学校最终向他们妥协。后来我就很生气了，于是提出了另外一个说法。这个班的数学老师姓陈，她同时也是班主任老师。这个陈老师是学校非常好的老师，也是这些家长都非常认同的一个优秀老师。我就跟家长们说："你们这样做有没有考虑过后果？陈老师是我们学校的教学骨干，大家都非常尊重和认可她的。你们家长这样闹，意思就是反对陈老师了。你们不要伤了陈老师的心，我对老师是很关爱的。老师一定要在被尊重的前提下，在很愉悦、很自由的前提下才能把小孩教得好。你们如果继续闹下去，传到陈老师耳朵里，你们就不担心陈老师心里有想法？我们每一年有工作意向调查的，我坚持尊重老师的意愿，在不违反学校用人大原则的前提下，老师想教哪个班我尽量满足。你们家长要是再这样闹的话，陈老师还会不会教你们班，很难说呢！"

我接着问这些家长："难道荔园小学最好的老师一定得教你们家的孩子？那是不可能的！那样的话，全校其他 25 个班的家长知道了还了得？整个学校不得闹翻天了？你们有没有考虑过这个问题？到时候你们为了一己之私而得罪了那么多家长，其后果的严重性你们有考虑到吗？"这么一讲，结果他们就回去了，就暂时解决了问题。

但是，事情到这里还没完。这个班从三年级到五年级乃至六年级，三四年时间里我基本上都在跟这个班的家长据理力争。一位很著名的小学校长曾经写了一篇文章，说目前有很多家长的教育理念不正确。这位校长讲了一个案例，说一个小孩在班级节目表演中扮演了一个大石头，结果家长没看完表演就气得走了。这个家长质疑老师，说你怎么把我们家小孩扮成一块石头。老师说你们家小孩自己选的。结果家长回去就骂小孩，说你怎么那么傻啊，怎么选择做石头，好歹也要做个主持人吧。所以，有很多的家长在教育理念上是非常错误的，尤其是很多应试教育过来的家长只在乎分数，其他的都可以不管。这位校长的上述判断我是基本赞同的。

上面我们提到的这个班的家长既对学校非常挑剔，同时在教育理念上又对学校不很认同。在他们的孩子读三年级的这一年，经过两次对峙以后，那一年好不容易就熬过去了。到这个班的孩子上四年级的时候，学校的语文老师就又够用了，因为一年级的班额压缩了，空出一个语文老师。空出的这个语文老师是广州市名班主任，而且是荔园小学唯一的男语文老师。我当时想，去年整整一年这个班都在为语文老师找学校对话，现在把这样的名师配到这个班，家长应该满意了吧？

没想到，这些家长又把我围堵起来了，不同意这个新语文老师教他们的孩子。广州市名班主任可是很难得的荣誉啊！这样的老师水平很高了啊！但是家长们不同意。我后来了解到，可能有人故意制造混乱。但是，这种背后的小动作，我们没办法，也没有精力去核实。家长们这次写信去区政府信访，并且约好要一起去区政府上访和静坐。区政府在收到他们的信件以后要求我们学校给出答复。我就分别给我们区教育局的局长和党委书记做了汇报。其实，从这个班的家长去年闹事的时候开始，我们学校就一直跟政府领导积极沟通汇报。我是跟区教育局和区政府讲，一定要支持学校的决定，不能按照家长的无理要求随便更换老师。如果这次把这个广州市名班主任都更换下来，那么将来的荔园小学就没有办法正常开展工作了。假如家长一不满意就去上访、静坐，那么以后区政府都成了荔园小学的后勤部门了。我还跟领导们强调说，家长的这种行为严重伤害到我们教师的尊严。我说老师没有尊严，这个学校是办不好的，受损的是所有的孩子。我们区教育局和区政府的领导都很明白事理，他们在多方面了解完事情的经过以后表示坚决支持学校。因此，家长的静坐最后没有成行。

这些家长后来虽然没有去静坐，但是老没完没了地跟学校争吵。后来我和学校班子想了个什么招呢？我们把整个班的生源做了进一步的分析，看看是属地招生入读的还是择校入读的，然后一一对应，一个家庭、一个家庭地做工作。我们请入读时的介绍人和所在街道办、社区、村委会分别上门做工作、讲政策。我们荔园小学这样的名校口碑是非常好的，学位也很珍贵。我们跟街道办、社区、村委会等讲清楚，对于提出不合理、不合法要求的家长，我们学校将对其所在的街道办、社区、村委会等削减下一学年的学位配置。因此，街道办、社区、村委会等都很积极地做工作。通过上面的那些工作，家长们在我到荔园小学的第二年也没有闹起来。我到荔园小学的第三年，这个班的孩子已经到了五年级。我在这里担任校长也已经满三年了，对荔园小学的情况就非常熟悉了。这个时候我考虑，还是不要再分实验班和非实验班的界限了。我常常说，做教育一定要有良心。但是，实验班和非实验班已经造成了很大的教育不公平。实验班是事实上的重点班，非实验班是事实上被称为"垃圾班"的。我觉得这样分班对所谓"垃圾班"的孩子非常地不公平。

2015 年的 11 月份，我们有一位语文老师会退休。根据我们区的政策，11 月份有老师退休的话也不能在当年进人，只有 9 月份开学前退休的情况才给进人指标。因此，等这位老师 11 月份退休后，学校会缺一个语文老师。

考虑到这些情况，我就决定要整合一下班级，尤其是班容量小的五年级两个实验班。其中，包括 29 个孩子的那个实验班，也就是一直以来家长跟学校有很大对立情绪的那个班。我知道这个班的家长非常挑剔，我们的一点点微小调整就都会引起他们的不满，因此，我提前做了很多布置和铺垫。

最主要的铺垫工作实际上在一两年前就着手了。2015 年 11 月份退休的这位老教师是一位很有威信的老师。她工作了 37 年，就当了 37 年的班主任。这个老师人很好，但是很有个性。在她临退休前一年，也就是 2014 年，我请她带四年级所谓"最差"的一个普通班。这个班在三年级时常常在上课期间打架，老师、学生和家长都放弃了。我请这位最有威信的老教师在退休前一年带这个班，当班主任，教语文。我说请她教一年，也把我一年以后的想法提前透露给她了。因为我将我的设想毫无保留地提前透露给她了，这位老教师很感动，觉得我非常信任她，所以她就很努力地带好这个班。这位老教师的确很厉害，花了一年时间就把全校著名的"垃圾班"变成了优秀班。仅仅一年时间，这个班的考试成绩是年级第一名，运动会是年级冠军，总之各项活动他们都拿到了年级第一名。说到这里，我又要感叹一下，有好的老师才有好的教育啊！2015 年，到这个最早所谓"垃圾班"，后来的优秀班进入五年级时，这位老教师也该退休了。退休前，我又请她帮我做成一件事，就是做通他们班家长们的工作，同意学校把这个班拆分了。拆分工作以抽签方式进行。也就是说把 2015 年的五年级 5 个班拆分成 4 个班，退休老教师带的这个班被拆分到其他四个班去。因为以前的实验班容量小，因此拆分到实验班的学生肯定会比较多。在拆分以前我对拆分并班工作的风险是测量和评估过的。我考虑，被拆分的班级应该不会有太大的意见，因为他们原来是所谓"垃圾班"，现在是拆分进入实验班或者叫"重点班"。我想所谓实验班也应该没有太大的意见，因为班级还在，还是名义上的"实验班"。

当然，我最大的底气在于，实验班、重点班的做法违法。国家法律明文规定"义务教育阶段不允许开设任何的重点班、实验班等"，教育部和广东省也都有文件支持常态分班。我们广东省对于义务教育阶段的重点班是一票否决的。拆分的消息一出来，那 29 孩子的实验班家长又不愿意了：他们的班级从 29 个人一下子扩容到 45 人，而且扩容进来的那些学生一直是"臭名昭著"的。所以这个实验班的家长又打算组织起来找学校对峙，去区政府上访，等等。

这个时候我就理直气壮了。我跟这些家长说，义务教育阶段分重点班是违法的，我们作为公办学校怎么能够违法？一旦重点班的现象被上级主管部门查出来，不仅是我这个校长个人的问题了，也不仅是荔园小学的问题，而是整个黄埔区的问题。我说我可不想上"今日一线"（我们广州电视台有个"今日一线"的电视节目，这个节目经常曝光社会生活中的负面现象）。这些家长表示要去找政府要个说法。我跟家长说，如果有哪一级政府领导说可以办实验班，你们请他批一个条来，我们荔园小学照着他批的条来做。这样一来家长们就知道他们理亏了。另外，我请那位退休老教师提前一年做的铺垫还是很起作用。"垃圾班"已经不垃圾了，而是全面超过了所谓"实验班"，因此，所谓"垃圾班"的孩子分流到"实验班"是不会带坏原来的"实验班"的。

回过头来看，实验班引起的纠纷三四年来一直不断，处理过程真的是很艰辛。当我被这么一大堆家长围堵在中间的时候，其实我是很痛苦的。我们能够比较成功地应对这个艰难的过程，我想首先是因为我有底气。我其实只需要把握住一个原则——公平。我是公平地对待每一个人，没有偏心。我想大部分人是站在我这一边的，小部分人的无理要求是不用怕的。所以我经常教育我们班子的同志，要站在有道理的一方。

第二节　芳华绽放

一、家校合作的理念与准备

美国学者通过大量的研究数据得到一个结论：强有力的家校关系是优秀教育的基石。家校共育的核心和指导哲学是"支持"。可是，在现实中，我们绝大多数国内学校对家委会的建设是一种"控制"的态度，我们要领导它，要控制它。但是，真正合理的一种状态应该是家长和学校形成合作伙伴关系，应该是双方基于尊重、基于平等合作，一起来促进孩子的发展。因此，我主张一定要建立"支持系统"的概念，要强调家校之间的互为支持关系。荔园小学对家委会不是一种领导，我们同家长是合作伙伴，是教育共同体的关系，所以要互相商量、互相支持。家长们的意见通过家委会收集上来，家委会有什么要求，我们尽量去满足。真正形成一种高度参与的家校合作关系。基于此理念，荔园小学建设了一个以家校合作为核心的学校支持系统。

我是在 2013 年 1 月到荔园小学任职的，但一直到 9 月才建立了家长委员会，同步成立了家长志愿服务大队。其实家校共建真正开始运作起来是在 2013 年 10 月。在此之前，我差不多花了八个月时间来筹备。这八个月时间我在调查研究，在不断思考，在做工作。

首先，我要了解家长群体。因为家校合作一定要掌握家长群体的相关信息，才能为接下来的合作奠定坚实的基础。家长到底能够提供哪些资源为学校的发展服务？学校的地段生有多大比例？家长一般从事什么职业？受教育程度如何？家长的教育需求、教育期望是怎样的？等等。很多问题需要做数据分析。我到荔园小学之后，首先对家长群体做了调查分析。我分析家庭的经济实力，分析家长的职业分布和学历水平。我主要查看了各个年级的入学登记表，分析一下家长都是做什么的。经过研究，我发现，荔园小学的学生家境总体上不错。因为，我们那个区的房价是很贵的，买得起我们那个地段的房子的家庭，经济实力都比较好。从职业上看，荔园小学的家长主要从事以下几类职业：第一类，在企业里面做中层以上干部的；第二类，做生意的；第三类，公务员和教师。这样的家长群体有什么教育需求和教育期望，我作为校长肯定要心里有数。做完家长群体的数据分析以后，我知道怎样组织家长会、召集家委会，知道怎样组织案例分析。所以，做教育一定要因地制宜、因人而异。做家校合作，一定要对学校和家长知己知彼。我们制定的策略和方法要有针对性，而且要有时效性。比如，在我们的家长里面，基本没有农民，那么我们的案例就肯定要跟工业化、信息化发展背景相适应。反过来，如果农村学校要做家校合作，可能要考虑打工经济、留守儿童等背景。

其次，我要做教师的工作，做团队伙伴的工作，推动领导班子的思想作风转变、教师观念的转变。我希望哪怕没有大的变化，微小的变化也要有。我每个月开一期教育专题讲座，用案例分析的方法，向荔园小学的全体教师宣讲我的教育理念，我的家校合作理想。有的学校会请专家来讲学校的理念，但是我是自己讲，因为专家并不了解学校的情况。一开始的风气转变需要我自己来讲，等风气有所转变的时候，可以再请专家来提高。在专题会上，我特别讲述了我所了解的外国的家校合作情况，目的是为接下来的工作铺垫。

我问过欧美学校的校长，他们的一次家长会最少也要分两个晚上才能完成。在欧美国家的学校，一般都是不开大会的。可能一次最多邀请10位家长参加圆桌会议，让家长充分提问了解情况。有一些涉及私密性的问题，还得需要教师和家长一对一交流。

国内的家长会往往是只开大会。一般情况下，是校长或者任课老师在讲，家长在下面听。我曾经去参加我女儿班上的家长会。她高中三年的家长会我都会亲自参加，这些家长会都是大会。说句老实话，我是做教育的，我作为一个校长也能理解老师。但是，我每一次开家长会开到最后都想偷偷溜走。后来实在没办法，老师在上面讲我在下面开小差，翻看桌上我女儿的作业。因为这种大会给我的感觉是"你方唱罢我登场"。高考六门功课，六个老师一个接着一个讲。这六个老师讲也没讲出什么东西来，就说我们班哪些同学进步很大，我们班哪些同学怎么努力，我们这个学期考试排名怎么怎么样。然后，再发一个排名表给家长。我坐在台下就在想，我女儿还好，每次都排名比较靠前，但是那些排名很靠后的孩子是不是觉得很丢脸？其实每开一次家长会对那些排名靠后的孩子的心灵就是一次摧残。你说那些孩子的家长回到家里会对孩子有好脸色吗？

所以我想，我们荔园小学的家长会不能搞成老师的一言堂，而是要让家长参与进来。如果家长会全是老师的说教，家长听的时间长了就没有心思去听。

二、家校合作的革新举措

接下来，我正式开始在荔园小学着手做家校合作，发现每个月的家委会例会都很难开起来，因为很多家长并不会像我那样理解教育，理解家校合作的价值。另外，在教师那里也有一定的难度。虽然前期有理念的宣传，但当真正执行起来时，教师还未充分认识到家校合作的必要性。在大家都对工作时间有概念的时候，晚上开家长会，等于是要加班，这让一些教师觉得难以接受。我充分运用自己的耐心，向教师讲述家校合作的意义，还在考勤制度上加以管理，最终还是坚持了下来。慢慢地，大家也习惯了这样的工作方式。所以我觉得风气是大部分人影响小部分人的一个过程。人本身还是求真、求善、求美的。另一方面，对于家长来说，晚上开会，开始虽然是有点儿不习惯，不过孩子在学校，家长一般还是渴望了解一下孩子的学校生活，希望找机会陪伴一下孩子。因此，家长一般不会抗拒。

我发现，很多家长是不懂教育孩子的，他们需要专业的提醒和指引，就像我们养生要听医生的一样。因此，我把荔园小学家长会的目的之一确定为让家长更懂教育的规律，懂得科学的家庭教育策略方法。

　　基于此，荔园小学把家长会做了改革。第一项改革就是为每年的家长会定主题，不能每一次家长会都泛泛而谈。我们 2016 年的主题是"好习惯成就好人生"。家长会用一年时间来研究这个问题，学校和家长要把这个问题研究透。第二项改革就是采取多元化的方式。家长会要想办法让家长把心里的想法讲出来，要让家长有发表意见的权利，学校才知道家长原来是这样想的，才不会偏听偏信、视野狭隘。如果家长不把对学校的意见讲出来，时间长了憋在心里就会使家校矛盾越来越严重。开家长会一定要开得有质量有品位，不能千篇一律。

　　要达到这样的目的，家长会就要多元、多变化。人是要不断受到外界刺激才有活力的。家长会前，学校教导处会开展网络问卷调查，了解家长的想法，征求意见；家长会上，会用多种方式来让家长发表意见。在我们的家长会上，有家长讲、有学生讲、有老师讲、有校长讲、有专家讲，大家集思广益。可以是学生来夸一夸我的好同学，看看同学的哪些习惯好；可以让学生来夸一夸我的好爸爸、好妈妈；也可以老师来讲，重点分析一些典型案例。有时候，会组织家长做小组交流，每个小组得出一个结论。有时候，会请做得好的家长分享经验，说说"我是怎么教育孩子的"，给别的家长做一个参考。每个班还建立相应的家长社交群，让家长们随时畅所欲言，帮助改善学校工作。校园活动也邀请家长参与其中，协助学校、加强亲子交流。

　　荔园小学家长委员会自建立后，整个机制比较完善。家长委员会总共有 25 位成员，是由各班推选出来并经过民主选举产生的。家委会在每个月的第一个星期三晚上七点准时召开例会。由学校领导向全体家长委员汇报上个月开展了什么工作，这个月将要开展什么工作，有哪些工作需要家长支持。我们的家委会也会对委员们提出一些具体要求。每次例会的时候，我也会就一些问题发表一两个观点或做一个微型家庭教育讲座，以提升家长委员对教育理念的正确认识。因此，荔园小学的家委会例会，既汇报学校的工作和布置家委会的工作，同时也对家长委员做一个培训。每一次例会，我作为一把手是可以不参加的，我们有主管副校长、德育处主任、年级长和很多中层领导，这是他们分管的工作，理所当然应该由他们做好。但是，只要我没出差，我一定到会，为大家做好示范带头作用。这两年里，也有老师请假不参加家委会例会，他们有的说家里孩子小，家里有事等。我也不强求。我想，等学校发展到一定程度，就像高速列车一样，只要车头一直在走，后面的车厢是不可能停下的。

学校每个学期请很多专家过来办讲座，或者在家长中招募某一领域有专长的家长来做专题讲座，确定了如爱眼护眼、儿童教育等主题，提升家长的素质和教育水平。有时也以家委员的名义，组织学生活动和家长公益大讲堂。学校厕所在家长委员会的支持下，实现了卫生纸全覆盖，并设置一高一低两个卷纸筒；添置擦手巾，方便所有的学生，也帮助孩子养成良好的卫生习惯。2014年4月，经过学校全体老师和家长委员会的精心准备，第一期《荔园小学家长学习报》创刊出版了。之后固定每月出一期。在这份四个版的《家长学习报》上，有家长委员会信息汇总、育儿文章摘编、家长育儿经验交流、学生活动展示。我们希望通过《家长学习报》为家长们提供一个交流学习和了解孩子学习生活的平台，让家长充分参与到孩子的教育中来，与孩子共成长。应家长委员会的要求，在每个月一期的《家长学习报》上，我都要发表一篇教育心得与家长和老师分享。

此外，学校举行的很多活动，都得依靠家长志愿服务。因此，以家委会的名义，学校成立了"心连心"家长志愿者服务大队，招募了一批家长义工。家长义工给学校工作带来很大的帮助。比如，我们每个学期都有校外的研究性学习，每一个班每次会招募两到四名家长义工，同孩子们一起参与学习活动。这样有三个好处：第一，让家长了解学校办学，让学校办学更透明；第二，让家长理解老师工作的辛苦；第三，让家长作为学校办学的支持和助力。家长义工的作用是不可替代的，有家长义工的班级，尤其是低年级，就不至于让老师上个厕所都得担心学生。一、二年级的春秋游等外出活动我们也一定会招募家长义工的。

　　还有广播操比赛、校园科技艺术节、校园歌手赛等，训练都由老师来负责，但是每个班会有不同的班服、鞋子、化妆等，这些全部都由家委会领导家长志愿服务大队去筹划并落实。孩子们自己选什么样的班服、做什么造型，都由他们决定。很多班级排练的节目都是家长协助准备的，我们老师只需要管好学生就行。

　　在全校性的大型活动中，常常是有一个孩子在台上表演，家长们带着全班的孩子做啦啦队。也就是说，所有的孩子都有参与，而不是仅仅一个孩子在上面表演。我希望每一次活动学生参与的面越广越好，最好能让每个孩子、每个家庭都参与。

　　我们在每年5月和6月给四年级学生开设游泳必修课。游泳课是免费的，排在体育课程里面。每一次课是一个半小时，每一个班四十多个孩子只有一个校内的体育老师来带是不够的，因此我们又聘请来区少年业余体校的两位教练，这样就有3位老师在游泳课现场。但是3位老师还是不够的，因为我们既要保证孩子的安全，还要教不会游泳的孩子学游泳。那怎么办呢？每一次游泳课我们就招募一男一女两位家长义工，负责看管孩子们换衣服、换鞋子，在岸上观察、保障安全。这样一来，老师只需要专注于教学，我们的游泳课质量就高了，也规避了很多风险。

　　为游泳课招募家长义工这件事交给家委会来负责，家委会会落实到每个班的家委。班级的家委就是这个班的召集人。一般每个班都是轮流的，每位家长都有机会参与。家长们很愿意来游泳课上做义工，有些家长甚至请假过来。其实，将心比心，我们做父母的都能理解。一个班四十多个小孩，一次来两位家长，我们的游泳课大概也就10次课，一个学期可能都轮不到一次。所以很多家长是争着来当义工的。现在的校园开放性还不够，尤其是因为涉及安全问题，所以在教学时间家长们可能很难进入校园。那么在教学时间给家长一个机会进来看看我们的教学，看看孩子和老师同学交流得怎么样，这是一个难得的机会。所以在很多家长看来，做一次游泳课义工远比参加教学开放周更有吸引力。我们虽然也有教学开放周，但那是固定程序，而且很多孩子在教学开放周的一周时间里表现得比平时好。

三、家校合作向纵深推进

经过一年多的发展，家长志愿服务已经形成了比较完善的机制。"家长义工"既走进校园，协助学校开展学生活动，也能够组织学生开展课余活动。如上述的学校游泳课程会有家长志愿者负责看管学生安全；低年级的卫生、墙报大部分由家长义工包揽；校运会时，家长们会以工作人员的身份参与裁判、检录、巡边、安保、后勤保障等工作。毕业典礼、天文开放日活动、垃圾分类义卖活动也将大部分的工作交由家长委员会负责。学校楼顶的生物种植园也由一批热心的家长义工在悉心照顾。在这个过程中，家长见证了自己孩子的成长，孩子也能更深刻地感受到父母的爱。"家长义工"已经成了我们学校的一道特色风景线，在校园活动、校外学生实践活动中，随时能见到他们的身影。尤其是大型活动中，学校和老师们负责构思和设计整个活动，家委会领导家长们去具体执行。像"六一节""圣诞节"等，我们既有学校的活动，又有班级的活动。班级的活动基本都交给家委会来负责。每个班级都会搞聚会，都由家长来组织和布置，学校不需要太操心。

我还想办法让家委会多参与学校的一些工作，多了解教育系统内容的一些事情和决定。像我们之前的春秋游，去哪里都是学校定的，但是后来我发现，学生们不喜欢。我现在要求，先向学生和家长征求意见，然后少数服从多数，汇总了几条线路之后，由家委会来举手表决。这样，学生有参与，对这个学校就有认同感，家长也从学校获得了尊重感。一旦这些运作机制成熟了之后，大家就会很自然地参与，很自然地为团队出力。我觉得这个还是很重要。

我通过引导家长小升初如何进行理性择校问题，让家长更深入地了解教育系统的运作，了解教育的本质。荔园小学每年会开一个毕业班的家长会，给家长做些小升初的政策宣讲。我知道家长特别需要这种宣讲。我们把区内对口的四所中学的领导请过来。四所中学是电脑派位的，因此我们的毕业生选中学跟考大学一样要填志愿的，共填四个志愿。电脑根据志愿随机派位到相应的中学，所以填志愿很重要。我们会请这四个学校的校长到学校来做宣讲，讲他的理念和招生政策。每次讲完之后，家长一定会问我：陈校长，这些学校都很好啊，我们应该选哪个。我就给他们一个建议说，如果哪个校长一上来就说我们学校的加工能力很强的，你看我们学校去年中考平均分多少分，多少个学生考上重点学校啊，这种学校你不要去。他会把你的小孩教坏了，他只管把你的小孩当成机器、零件进行加工。什么叫"加工"啊？"加工"可以搭配什么？"加工"能够搭配"人"吗？人能够加工吗？他首先就没把你的小孩当成一个人来看待。这个是他的理念错误。观念决定行为，校长的观念如果没把小孩当成一个独立的个体、独立的人来尊重，怎么可能会有爱与温暖呢，怎么可能让你的小孩全面发展呢？

另外，我们区每年要开一次全区的中小学生田径运动会。运动会上有一个运动员出场式。我建议我们毕业班的家长都坐到看台上看一看。因为是全区中小学生运动会，所以中学的也会来参加。大家看一下各个学校出场的队伍，如果领队的体育老师耷拉着脑袋，衣服没有扣好，双手插在袋子里，学生垂头丧气出场的，这样的学校千万不要去。很多有名的中学在运动会上就是这样出场的。我说这样的学校除了题海战术没有别的窍门。在这样的学校里面，什么最重要啊？分数最重要！这种学校肯定也是"打激素"的做法。他们的"激素"可能能够让你的孩子在短期内变得又白又胖，但是你愿不愿意？做教育的谁不会用"激素"，但是你作为家长要不要？这几针激素就把你的小孩的一辈子毁掉了。他们的这几针激素换来的只是短时间的又白又胖，这有什么用呢？所以，田径运动会上耷拉着脑袋一点精神都没有的学校，那都让孩子们学傻了。学生出来精神抖擞的，老师脸上洋溢着笑容的，那样的学校就是好学校！

当年我给女儿择校就是这样择的。我女儿初中择校其实可以读一所非常好的名校。我是做教育的，我就引导自己女儿做选择。后来，我女儿一直生活得很阳光、很开朗、很快乐。我是比较满意的，因为我觉得我女儿的一辈子很长，不需要着急在一小会儿。我们有这个耐性，也有这个能力慢慢地等她成长，慢慢地等她成熟。我们很爱她，所以希望她每一天都过得很有质量。千万不能给自己和孩子留下什么遗憾，不能说回过头来想这是孩子人生的一个遗憾。

我反复强调，做校长和做老师的一定要有社会责任感。对于校长的引领，家长们或者不一定全盘接受，但是起码有一点影响。只要能够不断积累、聚沙成塔，家长们的教育理念也必然会慢慢地发生变化。家校合作共同为孩子们营造了一个更加和谐的现代化学习环境和氛围，给孩子们创造了一个快乐的童年，为孩子们的人生提供了一个坚实的起步。我们荔园小学就是这样，经过几年的努力，构建起了一个家长支持系统，家校之间互相配合，做好各项工作，为孩子的发展提供了更好的环境和更丰富的资源。

教育是一个社会系统，家庭、学校、社会的点滴因素，都会或隐或显地影响着孩子的成长。教师作为专业的教育工作者，应该站在人性的高度，从教育的视角，用专业的知识和智慧，引导家长科学育人。作为校长，应该懂得如何在教师团队和家长群体中宣扬办学理念，引领教师和家长，形成合力，向着学校发展的美好蓝图出发。

图 4-1　陪伴是最好的教育方式

第三节 载誉前行

一、开放校园的智慧

教育是一个开放的系统，它包括影响孩子成长的一切因素，绝非现代狭义上的"学校"一词所能涵盖。我去过很多国内省市的甚至英美的名校。我去英美考察教育的时候，发现英美的学校有两个特征。第一个特征是，英美国家无论是很好的学校还是相对比较弱的学校，他们常常挂在嘴上的词是价值观（values），说我们的价值观是什么；经常提责任、尊重等核心价值观。他们都是基于学校价值观来设计和开展自己的教育活动。第二个特征是，英美的校长经常会说我们学校的支持系统是什么，我获得了一些什么支持。我总在思考：教育需要打破校园围墙，获得其他社会系统对它的支持，走向广阔的现实世界。世界才是学生的教材，并且是融汇他们一生的"大学校"。

英美的经验是，要让孩子走出校园的围墙去塑造自己的品行。这是培养共同体意识的好方法。在美国学习期间有人和我们说，如果一个学生的 SAT① 成绩很高，比如考了满分，但是社会服务时间少，好大学通常是不会录取他的。为什么不录取？因为大学认为这个学生太专注于自己个人抽象知识的学习，忽略了对社会的关注，这在某种程度上是缺少社会责任感。大学要培养的是对社会有责任感、懂得尽义务的人。只有通过社区服务，才会从小培养起社会责任感，学生才能够有效地服务社会共同体。所以，英美的学生从小学开始就会有意识地参与社区服务，关注社会发展，而不是把所有的时间都放在专注于个人的学业成就上。如果你要申请英美的名牌大学，社区服务的时限不够那是不可能被录取的。我想，英美的这种经验是有可取之处的。

---

① 即 Scholastic Assessment Test，美国的高等学校学生录取标准化考试。

图 4-2　把世界当作教材

　　教育应该是一种影响人的身心发展的社会活动，学习的空间就是一切可能发生学习的地方。当代社会发展日新月异，各领域知识更新换代的时间极大地缩短，终身学习理念已深入人心，这对教育是一个严峻的挑战。学习什么？怎样学习？学生最终得到什么？这"什么"能够使学生适应未来社会的挑战吗？我坚信这些问题会伴随着我未来的职业生涯。我相信但凡对社会与教育的关系、对孩子与未来曾做过思考的人，都会思索这个问题。

　　中国现代杰出的人民教育家陶行知先生提出了"生活即教育"的教育理论，认为教育要通过生活才能发生力量，从而成为真正的教育。因此，教育绝不仅仅是学校的事情，还包括影响孩子成长的家庭、社区乃至整个社会时代大环境。因此，中国的教育也应该引领学生走出校门，走向社会，在实践中学习，得到更为综合的学习结果。

　　教育它联系着每一个家庭的希望，关涉到民族国家的未来。学校作为担负基础教育的专业机构，应该以一种开放的姿态，积极吸纳种种资源，合力推动教育的发展。那么，在一个以学校为核心的教育系统里，哪些人或组织是学校发展的支持力量？除了教师、家长，还有社区、共建单位、校外辅导员等。他们都是这个组织的建设力量，如果用得适时，将有力地推动学校的发展。如果这些力量长期不发言、不参与，最后慢慢地淡化了。它的功能弱化了之后就可有可无了，这是一种资源的流失。所以每一个人都重要，每个人都可以发挥它的作用。家长有家长的作用，学生有学生的作用，老师有老师的作用，社区也有社区的作用。学校应该是一个立体的教育系统，应该是一个很宽泛的范围，而不是被四堵围墙框起来。办现代教育必须要有这种开放的心态。

曾有人言，孩子是当下中国社会的最大公约数。从这句话可以看出，人们虽然对当前教育体制颇为不满，对学校教育颇有微词，然而却都愿意一起为孩子更好地成长而努力，愿意就在当下为孩子的未来做出改变。在这种社会思潮下，是学校打开大门、走向社会、寻求发展资源的最好时机。当学校向社区乃至社会敞开大门，既引领学生走出去，也吸引资源融进来时，学校一方面在接受社会其他机构、社团或系统的监督，不断地调整教育行为，优化教育效果，促进学生更好地成长；另一方面，社会的其他系统也可以更清楚地了解学校的运作，了解学生成长的复杂性，从而增加对学校工作的理解、包容和支持。同时，社会各界也逐渐会担负起创造良好育人环境的职责，这有助于净化社会风气，更容易形成对未来社会的愿景。

我认为，学校不应是悬浮于社区的孤岛，而应该成为镶嵌在社区中的明珠。秉承着开放办学的理念，我决意要把荔园小学打造成一所"镶嵌在社会的一颗明珠"。荔园小学应该成为并且可以成为社区的文化活动中心，向社区居民展示健康积极的生活方式，塑造社区积极上进的文化氛围，引领社区的文化的发展。即我们要用先进的文化来感染大家、影响大家，带动社区乃至社会和我们一起来教育好孩子，大家一同建设好这个社区和社会。

2013年2月份我正式到荔园小学上任以后，我首先想做的是解决荔园小学拖了十多年的一个老大难问题：校门口的交通安全隐患。十多年来，荔园小学门口的交通管理一直不太好。在学校门口，停满了社会车辆，学校通向社区的道路，被这些车辆堵死了。每天的上学放学，各种私家车都在学校门口掉头。上学高峰期同时也是上班高峰期，因此校门口车多、车乱，非常危险。到荔园小学的第一天，我站在学校门口看到我们的孩子、家长和老师都在车流里面穿梭，我就很心疼。小孩子还小，一下子没看到身边的车就会出问题的。我经常跟老师们讲，概率这个东西一定不能用到具体的人身上。如果把概率用到具体的人身上，发生事故的可能性不是零就是百分之百，那就对孩子和孩子的家庭非常不公平。孩子没有了，对一个家庭来说就是毁灭性的打击！所以我们要对这些孩子的安全负责。另外，我希望我们的老师在荔园小学有尊严地工作，学生在荔园小学有尊严地上学。但是现在连基本的人身安全都保障不了，那还谈何尊严？我每天都提心吊胆，每天都担心不知不觉中可能会出什么事。所以当时我就下定决心，一定要把这些车清理出去，把校门口周围的地方清空，打通学校通往小区的路。我当时透露了我的想法以后，学校的领导和老师、周边的居民都不相信我做得到，说："陈校长，这是不可能的！之前十多年一直在呼吁这个问题，一直解决不了。"

　　我下定决心要解决荔园小学校门口的安全问题。我去了解问题的症结在什么地方。原来，荔园小学所处的这个社区是一个住宅小区，因为历史的原因，里面由四个物业公司管理，四个公司各管各的。为什么会有四个物业公司呢？因为这个小区的楼房分属于不同的房地产公司。最早只有一家公司在开发建设这个小区，然后金融危机期间这个公司快做不下去了，就把快建好的两栋楼和小区的地抵押给了另外一家公司，这样小区就分属两家公司了。后来，我们区政府的房改房也建在了这个小区，房改房又是一家公司建起来的，所以整个小区就分属三家公司了，对应地有三家物业公司。我们荔园小学又用了一家物业公司，这样算起来不就是四家物业公司了吗？四家不同的物业公司共同负责小区的物业，那很多事情就是谁都管变成谁都不管。小区的公共空间涉及权属问题，是没有人管的。政府的人说这条小区道路不是市政路，因此，政府不管。小区里面有多个单位，小区也分属不同的业主和四家物业公司，因此谁也管不了。

我说，既然谁都不管、谁都管不了，那就该党和政府来管。我国的《义务教育法》第二十三条明确规定，各级人民政府及其有关部门依法维护学校周边秩序，保护学生、教师、学校的合法权益，为学校提供安全保障。胡适先生曾经这样说过，要看一个国家的文明，只消考察三件事：看他们怎样看待小孩子；看他们怎样看待女人；看他们怎样利用闲暇时间。小孩子是一个民族的未来，对待小孩子的态度，折射了这个民族对待自己未来的态度。美国前总统奥巴马也曾说过："这个世界会依据一个国家如何对待儿童而对它做出评判。"我们广州市是全国文明城市，我想我们的文明标准应该不是一个自定的低下的标准，应该是能够经得起时间的考验，经得起世界的评判的。因此，我心里是有底的。

我跟老师和居民分析这些道理。刚好黄埔区的副区长来我们学校调研。这位副区长是分管安全的，我就把这些情况讲给他听。他说这些情况要回区里了解研究一下，一定给学校一个交代。副区长说完这话以后，我就在全校家长会上把这个消息先告诉大家了。开家长会的时候我们是开大广播的，那个广播一开，全小区都听得到的。因为我们学校隔壁就是区政府的领导住宅，这样一来，家长、小区居民、区政府领导都知道有这么一件事，清楚了学校要保障校门口安全的坚决态度。我想一定要把这个事情做成，也希望这样一来能更快地推进这件事。

在此之前，我先把老师停在校内的车清理了，要求老师一律把车停到小区门口的地下停车场，然后步行到校园来。然后我就在家长会上表扬这些老师，告诉家长们：我们荔园的老师是爱学生的好老师，是堪为人师、行为世范的，他们为了孩子的安全，为了给孩子一个好的学习环境而牺牲了个人利益（要自缴停车保管费）。没多久，我们区人大的领导到学校来做"六一节"慰问。我又把这个情况和我们的想法讲给区人大的领导听了。区人大的领导当时就表态说："陈校长，这个事情我们要通过人大去好好地推进。我们一定要给学校一个交代!"到这一步,我就知道这件事情非常有希望了。于是,我又去找我们区教育局的主要领导汇报这个情况,教育局的领导又去跟区政府的主管部门再协调。此后,我们的区人大常务副主任来到我们社区做人大代表接访。他原来是我们的老教育局局长,一直非常关心支持学校的发展。他找我过去,让我又把保障校门口安全的要求提了一遍。

最后,由主管安全的副区长主持了多个部门参加的现场办公会,现场拍板决定:机动车从学校前面的那条道路全部清理出去;学校前面的道路只允许自行车通过,不允许机动车通行;在道路上设置栏杆路障,由最靠近栏杆的那个物业公司来统一管理。于是,2013年7月底,困扰荔园小学十多年的校门口安全问题基本得到了解决。

当然,还是有后患的。小区居民原来都习惯了在校门口停车,而且也不是每一户居民都有小孩在我们学校上学,因此,小区里面肯定有居民持反对意见,经常有人跟保安闹矛盾,保安公司又是无偿管理,做多了活儿也不愿意。2014年,因为停车问题发生了很多事情,整整一年我基本没有睡过一个安稳觉。我在家里面只要一听到下面的汽车喇叭长按,就必须赶紧打电话给学校保安,让他们出去看一下是怎么回事。2014年,一个住在小区的区政府退休老领导因为停车的问题跟保安发生争执,结果一下子倒在地上没起来,就出了人命了。2015年元旦那天,当时我在英国,小区里的住户、家长委员会委员等,电话打到英国找到我,反映小区里面停满了车,谁也不管,我只得从英国打电话回来挨个儿协调。

一年多来,就因为这一件事我的压力很大。当然,要想做一个好校长是需要面临很大的压力的。后来,我们每个月给负责路障管理的物业公司支付一笔报酬,情况开始有所好转。2015年7月,学校的物业公司重新招标,我们就用了管路障的这家物业公司。也就是说,管路障的保安还是以前的保安,但是学校的物业服务交给这些保安所在的物业公司了。这样一来,学校和管路障的物业公司就有业务联系了。大家成了合作伙伴后，校园门口的安全问题基本得到了解决。

　　回过头来看，校门口安全的问题并不是我们最初想象中那么简单。处理这种复杂问题要注意时机的选择和把握。当然，这种复杂问题一旦得到解决，学校的社会声誉就会倍增。由于小区里面交通混乱的现象得到根治，整个小区的居民对荔园小学的认同感更强。在他们的眼中，学校是一个文明的地方，对脏乱现象可以有解决的办法。学校在整个小区居民中树立了很好的口碑。

　　在办学过程中，只有要机会，我们都会同社区融合，整合资源，彼此互惠。我们学校的围墙外面有一条小区通道，是连接小区和外面马路的一条便捷通道。但那里没有装路灯，也没人管理，路面坑洼而且很脏，一到夜晚就黑漆漆的，给小区居民的出行造成了很大的不便。我们在学校围墙改造时，专门对这条道做了整改，铺平了道路，装上了照明灯和视频监控，每周请学校的清洁工清扫三次路面。这样一来，这条道路就成了小区居民出门的主要通道，居民们切身受益。每天我站在校门口迎接孩子时，总会听到家长远远的招呼声。听得出，那里洋溢着对学校与老师尊敬。

　　每一年的运动会前，学校的操场是开放的。因为一、二年级的运动会是家长和孩子一起参加的亲子活动，很多家长带着小孩在晚上天黑之后还在那里练。后来我就跟总务处商量，能不能在操场上装一个大灯，让孩子和家长在晚上也可以锻炼。实行了一段时间后，我们发现家长经常带着孩子来锻炼，那些没有参加亲子运动的，也会过来。这就启发了我：居民其实很需要这样一个干净又明亮的运动场。于是，我们分析了具体的情况，决定以后在非教学时段学校运动场免费面对社区开放，欢迎社区居民进来锻炼身体，原则是大人谦让孩子。我们制定了一套规章制度，张贴在校门口，保安提示所有进场的居民先看一下运动场的使用制度，清楚具体的使用细节再进去。居民们都非常乐意。与此同时，学校积极与社区居委互动，如果社区或者居委有活动需要借用学校场地，只要不影响正常的教学秩序，我们都大力支持与配合。每次社区或居委借用学校的场地举行活动时，教师们都会下去帮忙布置场地、搬置器材、当义工、协助各项工作，促使活动顺利进行。如2018年"金港华园社区迎新春联欢会暨游园活动"就在荔园小学举行，场面热闹喜庆，写挥春、猜灯谜等传统迎春活动为荔园小学增添了节日的气氛。学校成为社区居民实现文明健康生活方式的重要场所。

由于学校在社区中有很好的口碑，每天当全校师生在社区的道路上进行晨跑时，居民们经常主动让路。沿路基本没有行车，行人也自觉沿着路边走，尽量不妨碍师生们锻炼，很多人家都在窗户里看着，有些家长带着幼小的孩子出来观望。这无形中也给小区居民的生活方式带来了更积极的影响。

通过这一系列措施，我们与社区成了伙伴的关系。通过校园与社区的共享，荔园小学真正成为一颗镶嵌在社区中的明珠，成为社区不可分割的一部分。它照耀着居民的日常生活，联系着孩子与家庭的灿烂未来。

图 4-3　学校成为镶嵌在社区中的明珠

除了向社区敞开大门，在引领社区文化发展的同时，学校也应该向其他的社会系统开放，以吸引更多的社会资源注入学校，优化办学条件。自2014年春季始，荔园小学成为区少年宫的分教点。从最初开展9个课程类别（硬笔书法、美术绘画、美术国画、外语口语、巴巴机器人、中国舞、VEX机器人、虚实机器人、合唱），每年逐步拓展，增至了2016年春季的14个类别。根据学校的发展与实际需求，这其间增加了：武术班、小主持班、语言艺术表演班、芭蕾舞班、SEE WO IQ机器人班。根据学生的需求和教学梯度的需要，学校在武术、语言艺术、硬笔书法、美术国画、舞蹈、机器人等班级都分年部进行了课程的安排。2014年春季开设了12个班、2014年秋季开设了15个班、2015年春季开设了14个班、2015年秋季开设了16个班。本着与学校"每一个孩子都重要"核心理念相契合、尽力让每一个学生都能通过这个载体找到自己特长发展平台的原则，学校在招生上也是多渠道进行宣传，通过学校内部QQ群、家委会、家长会、家长群等信息平台，尽可能使每位家长了解区少年宫配备的优秀师资，让政府投入的资源发挥最大的效应。目前，学生的生源已经从最初的211人次增长到了现在的359人次，呈逐年递增态势。

由于少年宫课程入驻荔园小学，这为本校孩子的报读提供了更便利的信息，无形中拓展了学校的课程资源，学校教师的视野也被打开了。久而久之，少年宫任课教师与我校一些教师形成了互助合作。少年宫教师的专业水平的精深和博大，对本校教师专业发展有一定的警示作用。与少年宫课程入驻学校之前相比，教师们的专业发展意识明显增强，不少教师主动向少年宫的专业老师请教。这种学习是基于教师自身意愿的主动行为，学习效果往往比制度化的校本培训更好。我发现有不少老师跟着少年宫的书法教师练书法，粉笔字也有明显的进步。这正是由于外来资源的注入，推动了学校的发展。

二、从成功走向辉煌

几年来，由于我坚持"真教育"理念，带领全体教师真抓实干，尽力践行，加上全体家长、社会各界人士的鼎力支持，学校的发展备受瞩目，近年来受到的各级嘉奖和赞誉不胜枚举。

在众多的领域中，荔园小学的科技教育取得的成果尤其突出。科技团队2014—2017年培养了7个市级"科技小达人"，其中郭钊良同学获得了第30届广东省青少年科技创新大赛竞赛项目一等奖、中山大学逸仙学院"逸仙英才奖"、华南师范大学附属中学"科技创新奖"、广东实验中学"校长创新奖"、广州二中"校长创新奖"等包括专项奖在内共五大奖项。该成绩的取得不但打破了黄埔区自参加青少年科技创新大赛以来的历史记录，还创下了广东省青少年科技创新大赛设立专项奖以来唯一一个获得4个专项奖并囊括广州市范围内3所设立中学校长创新奖的最好成绩。

2013—2017年，科技社团师生在"全国青少年科学调查体验活动"、"全国青少年科学影像节"、"全国科技辅导员论文大赛"、"我与航天"全国青少年载人航天征文活动、"全国青少年中国空间站创意设计大赛"等市级以上比赛中获得近五百人次的奖项。2015年、2017年所开展的"青少年科学调查体验活动"使学校获得中国科协、教育部、中央文明办等部门的表彰；2014年被广州市教育局广州市教育局工会授予"广州市教师幸福团队"，2015年被广州市妇联授予"巾帼文明岗"荣誉称号；2015年获广州市"好教育你我同共享"之好教师系列银奖；2014—2016年团队老师所负责的8个广州市教育局科普教育经费项目，质量等级评价为"优"。学校连续多年荣获黄埔区创新大赛优秀组织奖、广州市科普知识竞赛、建组模型、3D打印等比赛的优秀组织奖。

在2017年全国青少年科学调查体验活动中，荔园小学被中国科协青少中心、教育部基础教育司评为"全国青少年科学调查体验活动优秀示范学校"，林昊漫同学获体验活动优秀学生作品奖。在该项目的省级比赛中，教师获1个一等奖、学生获3个一等奖、3个二等奖、3个三等奖。在广州市"低碳校园"系列比赛中，刘尧老师获班会DV比赛三等奖。在由广州市环境保护局、广州市教育局举办的2017年广州市水环境环保创意大赛中，四年级(3)班的吴晨瑶、郭奥亮、黄俊明、陈雷同学获创意方案项目小学组三等奖。

陈海涛老师负责的团队在广东省青少年科学调查体验活动之"玩具制作大赛"比赛中获一等奖 2 个，二等奖 1 个，三等奖 2 个；在广东省第五届青少年科技创新实践能力挑战赛获得 1 个二等奖、2 个三等奖的佳绩；在广州市第 33 届青少年科技创新大赛获项发明类 2 个三等奖。

刘伟智老师负责的团队在广州市建模比赛中获一等奖 1 个，二等奖 1 个，三等奖 4 个。连显业同学还在 2017 年"共筑家园"全国青少年建筑模型教育竞赛活动中勇夺传统项目"缤纷童年"涂装木屋赛小学男子组的第一名。

王丽彦老师负责的团队在广州市第四届科技小达人电视大赛中获 3 个二等奖。参加广州市 3D 比赛的六年级(1)班陈杰同学获得一等奖，六年级(4)班沙子渊同学获得二等奖，同时王丽彦老师获得优秀指导老师奖。

林林坚老师负责的团队在 2017 年广州市青少年科技创新精神和实践能力展示活动中获 1 个三等奖，在广州市教育信息中心举办的、在广州市绿翠现代实验学校举行的广州市中小学生虚拟机器人竞赛中获奖，参加第十六届全国中小学信息技术创新与实践活动"FEG 智能车"选拔赛(广州市黄埔分赛区)获一等奖。

张益平、刘培刚老师负责的科技幻想画获 2 个广州市级二等奖。

表 4-1 2014 学年荔园小学集体获奖情况表

获奖项目	获奖名单	获奖时间	举办单位	所获奖项
广东省 2013 年"千万少年快乐阅读"系列活动之首届寒假"读一本好书，写一篇好文章"征文比赛	荔园小学	2014 年 6 月	广东省"千万少年快乐阅读"系列活动组织委员会	省优秀组织奖
黄埔区第六届中小学生诵读中华经典美文表演大赛	荔园小学	2014 年 6 月	黄埔区教育局	区二等奖

续表

获奖项目	获奖名单	获奖时间	举办单位	所获奖项
广州教师幸福团队创建活动	科技创新团队	2014年9月	广州市教育局	广州教师幸福团队
第六届黄埔区学生规范汉字书写大赛	荔园小学	2014年11月	黄埔区教育局	区优秀组织奖
第十五届"我爱祖国海疆"全国青少年建筑模型教育竞赛活动	荔园小学	2014年11月	广州市教育局	市优秀组织奖
创新在我身边——2014年青少年科学调查体验活动	荔园小学	2014年12月	中国科协青少年科技中心	全国优秀活动示范单位
2014年黄埔区少先队鼓号队大检阅	荔园小学	2014年12月	黄埔区教育局	区二等奖
广州市中小学垃圾分类征文和绘画比赛	荔园小学	2014年12月	黄埔区教育局	区优秀组织奖

表4-2　2015学年荔园小学集体获奖情况表

获奖项目	获奖名单	获奖时间	举办单位	所获奖项
"羊年羊城原地实寄封"设计大赛	荔园小学	2015年1月	广州市集邮协会青少年集邮工作委员会	市组织奖
2014广州"科普一日游"征文活动	荔园小学	2015年1月	广州市科学技术普及中心	市优秀组织单位
"朝阳读书"系列活动	荔园小学家委会	2015年1月	广东省教育系统关心下一代工作委员会	市优秀"阅读"家委会

续表

获奖项目	获奖名单	获奖时间	举办单位	所获奖项
2014 年广州市黄埔区中小学优秀科组评比	荔园小学体育科组	2015 年 1 月	黄埔区教育局	区优秀体育科组
2014 年广州市小学生自然观察(植物识别)活动	荔园小学自然观察小组	2015 年 2 月	广州市教育研究院小学科学学科	市三等奖
巾帼文明岗	荔园小学科技创新团队	2015 年 3 月	广州市妇女联合会	巾帼文明岗
第三十届广州市青少年科技创新大赛优秀科技实践活动	荔园小学科技实践小组	2015 年 3 月	广州市教育局	市三等奖
第三十届黄埔区青少年科技创新大赛优秀科技实践活动项目	荔园小学科技实践小组	2015 年 3 月	黄埔区教育局	区一等奖
第三十届黄埔区青少年科技创新大赛	荔园小学	2015 年 3 月	黄埔区教育局	区优秀组织
广州市中小学计算机作品比赛黄埔区初赛	荔园小学	2015 年 5 月	黄埔区教育局	区优秀组织奖
2014—2015 年度"广州市少先队"	荔园小学小豆丁中队	2015 年 6 月	广州市教育局	市特色中队称号
2015 年广州市中小学生科技夏令营	荔园小学	2015 年 7 月	广州市教育局、广州市教育基金会	市级优秀组织奖

163

续表

获奖项目	获奖名单	获奖时间	举办单位	所获奖项
2014—2015年"一师一优课，一课一名师"	荔园小学	2015年7月	黄埔区教育局	区优秀组织奖
第七届黄埔区中小学规范汉字书写大赛	荔园小学	2015年8月	黄埔区教育局	区优秀组织奖
黄埔区第七届中小学生诵读经典美文表演大赛	荔园小学	2015年10月	黄埔区教育局	区三等奖
中国梦·延安情2015黄埔区社区公益活动书画创作大赛	荔园小学	2015年11月	共青团广州市委员会	市优秀组织奖
第十六届"我爱祖国海疆"全国青少年模型竞赛广州预选赛	荔园小学	2015年11月	广州市教育局、广州市青少年科技教育协会	市级优秀组织奖
广州好教育·你我同创享系列竞赛	荔园小学	2015年11月	广州市教育局、广州市教育局工会	市级好教师银奖
全国青少年科学调查体验活动	荔园小学	2015年12月	中国科协、教育部	国家级优秀活动示范单位
广东省青少年科学调查体验活动	荔园小学	2015年12月	广东省科协、广东省教育厅	省级优秀组织奖
第五届广东省青少年鼓号乐队展演暨广州行进乐团公开比赛	荔园小学鼓号队	2015年12月	广东省青少年鼓号队协会	银奖
2015年广州市中小学生国防知识网络竞赛	荔园小学	2015年12月	广州市教育局	学校组织奖

获奖项目	获奖名单	获奖时间	举办单位	所获奖项
2015 年广州市中小学生国防知识网络竞赛	荔园小学	2015 年 12 月	广州市教育局	优秀校长奖
2015 年广州市中小学生国防知识网络竞赛	荔园小学	2015 年 12 月	广州市教育局	优秀管理员奖
广州市黄埔区青少年宫第三届"星帆杯"教学汇报系列活动"语言艺术类"比赛	荔园小学	2015 年 12 月	黄埔区少年宫	区二等奖

表 4-3　2016 学年荔园小学集体获奖情况表

获奖项目	获奖名单	获奖时间	举办单位	所获奖项
2016"金猴贺穗"邮票设计大赛	荔园小学	2016 年 1 月	广州市集邮协会	优秀组织奖
黄埔区教育系统 2016 年"温暖寒假——志愿服务伴我行"活动	荔园小学四（3）中队	2016 年 3 月	黄埔区教育局	区优秀奖
"中国梦黄埔情青年智"2016 年黄埔区学生社团评比	茉莉花艺术社团	2016 年 4 月	黄埔区教育局	区优秀社团
2016 年度广州市黄埔区优秀学生社团	荔园小学	2016 年 4 月	黄埔区教育局	区级
2015—2016 学年广州市黄埔区教育系统共青团优秀个人（集体）评比活动	荔园小学	2016 年 5 月	黄埔区教育局	区十佳团组织
2015—2016 年度"黄埔区少先队红旗大队"	荔园小学少先队大队	2016 年 6 月	黄埔区教育局	区少先队红旗大队
第 32 届黄埔区青少年科技创新大赛优秀科技实践活动	荔园小学科技实践活动小组	2016 年 9 月	黄埔区教育局	区一等奖

续表

获奖项目	获奖名单	获奖时间	举办单位	所获奖项
2016年首届红领巾管乐团展演活动	荔园小学	2016年9月	中国青少年发展服务中心	区优秀乐团
2016年黄埔区中小学艺术大赛合唱专场比赛	荔园小学	2016年10月	黄埔区教育局	区一等奖
2015—2016年度广州市少先队	荔园小学	2016年10月	广州市教育局	特色中队
黄埔区第八届中小学生诵读中华经典美文表演大赛	荔园小学	2016年10月	黄埔区教育局	区一等奖
黄埔区第八届中小学生诵读中华经典美文表演大赛	荔园小学	2016年10月	黄埔区教育局	区二等奖
2016年广州市第十三届学校合唱比赛	荔园小学	2016年11月	广州市教育局	市二等奖
第32届广州市青少年科技创新大赛优秀科技实践活动	荔园小学科技实践活动小组	2016年12月	广州市教育局	市三等奖
2016年"共筑家园"全国青少年建筑模型教育竞赛广州预选赛	荔园小学	2016年12月	广州市教育局	优秀组织奖
2016年广州市青少年3D打印创意设计大赛	荔园小学	2016年12月	广州市教育局	优秀组织奖

表 4-4　2017 学年荔园小学集体获奖情况表（部分）

获奖项目	获奖名单	获奖时间	举办单位	所获奖项
2016 年广东省青少年科学体验活动	荔园小学	2017 年 1 月	广东省教育研究院	优秀活动示范学校
2015－2016 年度黄埔区"一师一优课，一课一名师"课评比活动	荔园小学	2017 年 3 月	黄埔区教育局	区优秀组织奖
2016 年"学长征精神，做红色传人"活动之"学革命精神，提升责任感"	黄祉涵、梁梓诚、邓俊禹、胡嘉、李伟斌、何乐轩、李智豪	2017 年 4 月	黄埔区教育局	区一等奖
2016 年"学长征精神，做红色传人"活动之"学革命精神，提升责任感"	荔园小学"红色传人"小组成员：顾睿翔、黄秋铭、王泓杰、王尚宜、黎俊超、罗敬泽、李晓激、陆乐熙、雷锦书	2017 年 4 月	黄埔区教育局	区一等奖
2016 年"学长征精神，做红色传人"活动之"学革命精神、提升责任感"	荔园小学"闪闪红星"小组成员：张泽楷、王元楷、陈子齐、唐嘉	2017 年 4 月	黄埔区教育局	区一等奖
2016 年"学长征精神，做红色传人"活动之"学革命精神，提升责任感"	荔园小学"阳光"小组成员：李承烨、黄泽煊、张琳、陆晓晴、胡启奥、萧振烨、黄承轩、张家铭、吴胜瑶	2017 年 4 月	黄埔区教育局	区二等奖
2016 年广州市黄埔区校园文化建设	荔园小学	2017 年 4 月	广州市教育局	先进单位

续表

获奖项目	获奖名单	获奖时间	举办单位	所获奖项
2017年黄埔区青少年无线电测向锦标赛	荔园小学	2017年4月	黄埔区教育局	优秀组织奖
2016年"学长征精神,做红色传人"活动	荔园小学"飞翔"小组成员:郑焯俊、纪鹏翔、岑正昊、韦度、莫宗横	2017年4月	黄埔区教育局	区优秀奖
2016年"学长征精神,做红色传人"活动	荔园小学"Lucky"小组成员:刘蔓萱、邓凯柠、黄文怡、梁欣彤、林芝莹、区炜琳、陈阳阳、谢嘉琪、周光禹、董秋池、余善蕾	2017年4月	黄埔区教育局	区优秀奖
2017年广州市黄埔区中小学生街舞比赛	李想、沈嘉骏、李文博、刘珈榆、高梓皓、赵泽、孙铄源、李胡梓康、徐悦伦、吴晟昊、解嘉懿、潘梓蕾、符思源、姚世勋、曾晖、李俊宏、林禄杰、刘蔓萱、谢嘉琪、张琳	2017年5月	黄埔区教育局	区一等奖
2017年黄埔区教育系统教职工趣味运动会同心同德项目比赛	荔园小学	2017年5月	黄埔教育系统工会	区一等奖

　　我到荔园小学已经满五年了。在已有工作的基础上,经过充分的调查研究和仔细的思考分析,我为这个学校规划了一张发展蓝图,那就

是：我希望把荔园小学办成一所非常精致的现代化学校，一所充满爱与温暖的学校，一所面向全体、全面发展的高品质学校。我要让每个荔园小学的学生都能在这里感受到爱与温暖，也学会给别人爱与温暖；让每个学生都能找到发展的平台，张扬个性与特长，体验成长与成功的快乐。我要使学校成为真正的孩子们成长的乐园，让学校教育成为孩子们人生当中一段温暖美好的记忆，并为孩子们的人生奠定坚实的基础。

教育活动关系到千家万户。对于荔园小学这样的名校，周围的老百姓都很关注。因此，我们一定要办令人民满意的教育。怎样办人民满意的教育？我想，做教育的人一定要有同理心，要将心比心，要为别人着想。一所学校学会从家长的角度来考虑问题，家长对学校的满意度就会慢慢增长起来。要让家长参与到学校的办学活动中来，以共育求共赢。

最后，我想与老师们和同学们分享两句感言。

第一，唯有人人都有好的教育，整个民族才会有延续和发展的生命力！

著名影星成龙在歌曲《国家》中唱道："没有强的国，哪有富的家？"去年秋天我带六年级的师生去海军部队参观了一艘护卫舰，听舰上的士兵讲他们到印度洋为我国商船护航，使其免受索马里海盗骚扰的故事。我和孩子们说，这就是祖国强大的一个表现。祖国强大了，就可以保护人民的生命和财产免受侵害。我们每一个人生活在这个世界上，像每一棵树一样，都有自己的根。祖国就是我们的根。无根之萍，飘忽不定，其实是很悲惨的。祖国的强大，要靠人去建设，要靠人去付出努力。在人类的进步史上，教育总是社会发展的先导。作为一名教育工作者，我感到很荣幸，因为我可以用我的才华、智慧和毕生精力去为我的祖国做贡献，去为更多的人提供好的教育，从而能让我身边的更多人成为祖国建设需要的人才。所以虽然现在每天工作时间很长，有时觉得很累，但我依然很享受我的工作，享受学校在我和伙伴们的努力下发生的每一点一滴的变化。

第二，让世界因我们的存在而更加美好！

我们每个人来到这个世界上，都会给这个世界带来变化。带来的变化有正面的有负面的，主要看我们个人的世界观、人生观和价值观。北京大学法学院的刘媛媛在演讲时说："我不是来适应这个社会的，我是来改变这个社会的！"一个 23 岁的女孩子都能发出这样的豪言壮语，更何况我们？我很高兴自己是一名校长，因为我可以教育好我的学生，带领好我的教师团队中的每一个人、我的家长们，我还可以引领整个社区。我觉得学校的先进文化应该如田野中高高飘扬的旗帜，引领着整个学校和社区共同发展。唯其如此，我们才能有高品质的教育。

写在后面的话

近年来，我常常在思考中国社会现状与教育的关系。南京师范大学附属中学的老校长胡百良先生说："我们要做一个明白人。明白人生的价值，明白基本的国情，明白教育的本质，明白自己的责任。"我深以为然。作为一名老教育工作者，我热爱我的祖国，热爱我的工作，享受陪伴孩子们成长的美好，但同时也因为种种教育问题为孩子们的将来担忧。

今年高考分数公布以后，我的微信圈收到了一所排名很前的名校的高考喜报，大概是说，庆祝我校高考成绩排在第几名，上线率达到了百分之九十几。我当时写了个评论说：这有什么可炫耀的？一所把本市中考成绩一流的孩子都收录进去的学校，如果不能达到 100% 的上线率，简直是对不起党对不起人民的。另外，这样的宣传对没考上的那百分之几的孩子是多么残忍的事情，这不是向全社会宣布他们是失败者吗？

为了追寻本真教育，雅斯贝尔斯避开了单一的所谓真伪辨析的哲学方法论的纠缠，径直走进了"去蔽存真"的本真教育之中。去除教育中的虚幻假象和道貌岸然的"伪教育者"，还原并追寻教育的本真，乃是真教育的真义。对此，我坚持着求真意志的决心和理性精神的敞亮，不懈探寻"真教育"的实践经验，并借着这个机会，把自己从教几十年的经历细细地捋了一遍，捋完以后颇多感触。或许，本书以"真教育"冠名会引起很多同行朋友们的不解：难道我们都是在搞"伪教育"？这里我无意去质问同行们。但是，作为一个老教师和老校长，我希望教育氛围能够得到有效的改善，希望这个题目能够让人们警醒一些。因此，我提出了"真教育"这样一个题目。我的教育理念、教育实践一定有不完善、不科学的地方，但是我始终要求自己追求"真教育"——尊重教育的客观规律，发展孩子的美好天性，珍视教师的教育才华，塑造社会的教育理想。

　　我相信，教育的目的是塑造幸福的人生。我希望有一天，每一个孩子都得到老师、家长和社会的最大程度的关心，无论他们天赋如何、学业成绩如何；我希望有一天，每一所学校都是孩子们的乐园，陪着孩子们慢慢地成长；我希望将来有一天，教师这一职业真正成为最具社会吸引力的、天底下最美好的事业；我希望有一天，全社会对教育活动赋予最高的尊重，形成支持"真教育"的社会环境。

　　为了"真教育"事业，我已经付出大半生的努力。余生我将继续矢志不渝地追求"真教育"！

2017 年 7 月

英国教育考察日志

一

今天是英国时间 2015 年 1 月 7 日（星期三），天气阴，有小雨，非常寒冷。我们第四小组的校长们在诺丁汉大学的乔伊斯女士和翻译小杜的陪同下，来到山坡小学（Hillside Primary and Nursery School）做学校访问。

我们得到了校长多萝西、副校长里安以及校长助理先生的热情接待。他们先向我们简单介绍了学校的大致情况。该校位于诺丁汉市郊，于 2007 年建校，由原来的两个比较小的学校合并而成，学校的建筑也是由老的建筑物改造而成。现有 420 个学生，在英国属于规模较大的学校，也被英国国家教育标准局评为了高品质学校。

随后，学校安排了两个可爱的五年级的小姑娘带领我们参观校园，介绍学校开展的一些特色活动。如每个班以动物命名，环境布置也以该动物为主，很可爱！还有学校每周开展的集会、学生的一些作品等。小姑娘落落大方，文雅而风趣，让人情不自禁地喜爱，一下子就拉近了我们的距离。

接着我们听了一节四年级的阅读课，发现学生手上一律没有课本，老师也没有教材。每位老师是根据教学目标准备自己的课，自由度很大，但同时也伴随着巨大的压力。因为学校会经常听课，也会每六周就对学生进行一次评价。所以英国老师的工作时间较长。校长说，老师们每天大概要工作十至十一小时，每周只有半天时间可以备课，其他时间因为采用包班制，所以都在上课。每周星期三放学后，老师还要开会，研讨教学问题。每学期召开一次家长会，分两个晚上进行，老师分别与班上所有的家长一一面谈。平时家长可以随时访问学校，但若预约则可以得到与校长交流的机会。听起来似乎很忙很累，但我们问过当地人，他们都认为在英国当老师是一份体面的工作，收入也远远高于平均线，所以可以过体面的生活。另外，我们采访了校长助理先生，他认为他的工作很有挑战性，也很有意义，所以非常热爱这份工作。其实根据我的观察，老师们都很认真投入，上课时充满激情，肢体语言丰富，课件准备充足，与孩子说话时常常蹲下来或者和孩子一起跪在地上，表情很认真但语气很温和。我想，大部分老师都是因为热爱才选择了这样一份又繁杂又劳累的工作的吧！课后我们和校长助理先生进行了交流，知道学校非常重视价值观的建立和责任感的培养，学校以"尊重"为核心，教会孩子如何与他人与社会和谐相处。学校成立了学生委员会，为大家提供服务；招募学生志愿者，负责维持校园各角落的卫生清洁及秩序。学校评价学生也不是统一的标准，而是基于每一个孩子的个性化标准。

在享用了丰盛的英式午餐后，我们在乔伊斯女士的带领下参观了幼儿部，看到每个孩子都根据自己的爱好在玩，很自由也很快乐。根据乔伊斯女士的介绍和我们的观察，这些3～4岁的孩子是通过游戏在学习一些基本技巧，如读、写、算等，为他们的更高学段做准备。更重要的是学习一些交往的技巧和社会生活的技巧，如无论年龄多小的孩子，都尽量不给别人添麻烦，自己用过的东西、玩过的地方要自己收拾；说话要轻言细语，走路要轻声慢步，不干扰到他人，等等。

下午一点半，我们又听了一节五年级的科学课。老师整合了科学、艺术、写作等方面的内容，很有趣。老师很年轻也很时尚，充满激情，围绕"空间"这个主题启发孩子们想象、探讨并写下自己的文字。刚好上午接待我们的两个小姑娘就在这个班，让我们顿时感觉很亲切。两个小姑娘还特意把自己的作文读给我们听，与我们分享她们的收获。

最后是提问时间，我们向乔伊斯女士、校长和校长助理先生了解了英国学校的一些基本要求和做法，也分享了我们中国学校的一些情况，然后就愉快地结束了一天的学校访问。

一天的总体感觉比较充实愉快，时间安排很紧凑，体现出英国人的守时和严谨。无论是校长、老师还是学生，都文质彬彬、优雅大方、富有教养。我很惭愧的一点是，该校的校长和助理都穿着正装，连陪同我们的乔伊斯女士都穿着正式，我却因为怕冷而且也没有带正装而只能穿便服。另外，虽然这是一所有 420 个孩子的学校，却没有任何的喧哗吵闹，孩子们规则意识比较强，举止优雅，在课堂上的表现是思考积极、发言踊跃、参与性高，让人感觉到他们的学习很快乐。午休时孩子们顶着寒风冒着细雨到户外玩耍，不时传来清脆的笑声，让人觉得毕竟是孩童的天真和无忧无虑。对比我们课间的人声鼎沸及孩子们不自觉地跑动，顿觉任重道远。学校的布置温馨童趣，看似杂乱，其实每一面墙、每一块展板、每一扇门、每一条走廊都蕴含教育的意义，而且大多是学生作品。每个地方的布置也决不雷同，富有个性。

二

今天是英国时间 2015 年 1 月 8 日（星期四），天气晴到多云，有阵雨。我们第四小组的校长们在诺丁汉大学乔伊斯女士和翻译小杜的陪同下，再次来到山坡小学做学校访问。

我们先去听了一节一年级的英语课。英语、数学和科学作为英国国家课程体系中的核心课程，历来都备受重视，也会有全国统考，所以学校会定期开会研究，也会有行政领导经常听课。这节课的内容其实是自然拼读法（Phonics）的内容，主要教孩子们元音拼读，但学习形式很特别。先是老师统一带读，学生集中听课，然后分组学习，再集中听课，然后同伴学习。看得出来孩子们平时训练有素，所以一点儿都不拖拉，行动很迅速，而且每次离开座位的时候一定会轻轻地将椅子移回原位，并且没有发出噪音。我们听完课离开课室的时候，所有的师生都会轻声地说"再见"。一个五岁的小女孩会为我们拉开门，用一个漂亮的小沙包顶住门，等我们走了才轻轻地拎开并关门。

接下来是自由交谈时间。我们和乔伊斯女士就教师如何备课以及教师的合作、如何对教师进行评价等方面进行了交流。我们了解到英国的大多数孩子在4岁或5岁时开始上小学。小学通常分为两个阶段：幼儿班（5～7岁）和儿童班（7～11岁）。这两个阶段都属于初等教育。小学通常是一位老师负责一个班的所有课程，没有统一的教材。我们所访问的学校甚至没有教材，教师根据国家课程标准自己决定教什么、怎么教，只要达到相应的学段的目标，即学生在这一学段结束时需掌握的知识和技能。而这所学校的课程设置分为三个不同的部分：早期（4～5岁）以游戏为基础，在游戏中学习一些基本技巧，如读、写、简单算术等；中期（6～8岁）正式学习小学课程，教师会用不同的教学方式让学生达成学习目标；高级期（9～11岁）学生要做更多的读写训练，学校对学生的期望值更高。

学校的领导都认为，学校目前面临的最大挑战是离市中心远，生源比较差，教师的主要工作在于缩小学生与市区学生的差距以及本校学生之间的差距。英国教育标准局对所有学校的评价标准都是一样的，这对学校水平是一个巨大的挑战，因而教师的工作压力很大，工作量也很多。每年的二年级和六年级会有统一考试。考试成绩公布在全国公共网站上，学校、教师需要做数据分析，而考卷的难度在逐年加大，因此教师备课时需要为不同的学生设定不同的目标和教学内容，以帮助孩子不断进步并对学习保持动力。但英国教师通常是独立备课的，很少合作。乔伊斯女士认为应该让所有的老师注重合作，这样学生才有合作的机会，因为学生会感受到这种合作的氛围。我想，这其实就是用一种文化和生态对学生产生影响吧。

校长助理亚当先生为我们做了一个主题为关于教学学校（About Teaching School）的专题介绍。其实也就是关于教师培训方面的内容，由一个基金会(NETS)组织牵头的各类教师培训计划，有针对新教师的、针对卓越教师的、针对普通教师的，以及针对薄弱教师的。和我们国内正在进行的教师培训模式大体相当，只不过我们做得更系统、范围更广且通常由政府组织而已。但这项计划中我认为有两点值得借鉴：一是该组织依托教学学校(teaching school)进行培训，让理论与实践得到更好地融合；二是诺丁汉地区目前有六所学校加入该联盟，因此教师可以在一定范围内进行流动，校长的教育理念也可以分享，可以帮助教师和校长迅速地成长。

随后我们去听了一节六年级的数学课。教学内容是小数乘法的初步应用。这位老师很认真，为我们准备了教案。可惜我看不太懂，让我更深刻地感受到学好英语的重要性。当然，因为是同行，恰好我也是数学老师，所以课还是大致能听懂的。就是通过教孩子们便士和英镑之间的换算，来解决小数乘 10 倍或 100 倍的计算技巧问题。内容很少，但反复讨论、练习，每一个孩子都能参与，感觉孩子学得比较轻松。

随后学校安排了 5 个孩子为我们介绍学校的社团活动及每学期的大型综合实践活动。感觉和我们荔园小学的差不多，当然因为他们的社会支持更多，所以可以做得更精致。

午餐后，好奇的我们观摩了孩子们的午休。因为只有几十分钟的时间，加上孩子们也没有午睡的习惯，所以几乎所有的孩子都到户外玩耍。看到孩子们与上课时判若两人，在明媚的阳光下快乐地奔跑、尖叫、摔跤，我们都被感动了。那种无拘无束，不怕弄脏衣服鞋袜，没有人担心什么安全隐患，很多孩子甚至穿着短袖、光着脚丫也不怕冷的场景。孩子们也不怕生，无论是大孩子还是小孩子都主动和我们打招呼，拍照时摆出很多可爱的姿势，拍完马上要求看看，看完就开心地跑开。我们都被孩子们的纯真快乐感染了，顿时觉得天气特别美好，生活特别美好。

下午一点半，我们准时到三年级听了一节写作课，是校长助理亚当先生的班级。虽然说是写作课，但学校通常采用跨学科整合的形式，如整合阅读、写作、艺术、科学的内容，相当于我们现在热门的"项目学习"。亚当先生的这节课就融合了阅读、绘画、音乐欣赏及写作等方面的内容，所以孩子们非常喜爱，整一节课都很专注、投入，即便是刚刚在户外进行了活动，又是午餐后的时间，也没有表现出疲态。亚当先生是一位非常有爱心的好老师，虽然身材高大，但和孩子们讲话时常常蹲下身子，语气也很温柔，上课时肢体语言丰富，还常常表扬孩子，让人备感亲切。我们观察到全班 28 个孩子都很愉悦，参与学习的热情很高。

最后是座谈交流时间。我们和副校长里安女士及校长助理亚当先生进行了十个方面问题的交流，这也是我们昨天临走前留给学校的问题。两位同行很认真严谨，提前做好了功课，让我们收获满满。通过他们的回答，我们知道了英国校长的工作职责和日常工作内容、对学生的个性化培养的学校考虑和做法、如何培养师生责任感、教师结构及评价方法、学校的管理架构、教师如何组织教材、择校问题（招生问题）、教师调配问题、校园文化布置问题、课程分级问题，等等。令人眼界大开，也引发了我许多新的思考。古人云："读万卷书不如行万里路。"诚不我欺！

三

今天是英国时间 2015 年 1 月 13 日（星期二），天气多云，有雨或雪，偶有阳光但非常寒冷。我们第四小组的校长们在诺丁汉大学萨拉女士和翻译小叶的陪同下，来到位于莱斯特的公园小学（Parkland Primary School）做学校访问。该校距诺丁汉市区约有一个小时的车程，是发现学校学院联合体（Discovery Schools Academy Trust）内的一所学校，现有学生 500 人，学生年龄在 4~11 岁。学校的办学宗旨是"努力达到学业成就和个人成长的高标准"。强调通过学校、社区、家长和学生间的不断合作来实现办学目标。主要措施为，与家长建立紧密的伙伴关系、有非常高的行为标准、确保学生在学习环境中感到快乐和安全、有教学和学习的良好标准、确保学校有很强的愿景和发展方向。

在受到学生委员会的部分成员的热烈欢迎及与校长温莎夫人做过简

单的双方介绍并互赠礼品之后，我们先去参加了全校师生集会。这是学校每周除周四以外的常规例会，每次半小时，通过各种形式对学生进行思想教育。今天的集会邀请了附近教堂的一位神父，同时也是学校校董会的成员，来给孩子们讲圣经上的一个故事。从进场到退场，五百名学生包括幼儿部的孩子，都做到了安静优雅、认真聆听、积极参与。有一个幼儿部的孩子甚至拉着一台吸氧机进场。学生全部席地而坐，回答问题时声音并不洪亮，但笑声很清脆悦耳。

随后我们与校长温莎夫人进行了简单的交流，知道老师们每学期都要接受两次评估，分优、良、中、差四个等级。每次评估都会经历多次听课，以免出现错误判断。但若被评为中级或差级，该老师就需要接受进一步的培训，培训后进步不大的则可能被解聘。

接着我们听了两节课。一节是二年级的数学课。该班共有 21 名学生，一名助教，分成 5 个学习小组。老师的教具和学生的学具都非常丰富，学生在课堂上主要以动手操作为主，实行分层教学，即按学生的不同程度分组，学习内容上有差异，助教辅助教学，保证每一个孩子受到关注。还有一节是六年级的英语课，教学内容是"人体的血管和心脏"。依然是小班化分组教学，班上有一名特殊学生，一名助教。虽然是英语课，但其实学习的内容是科学方面的内容，每个学生手上都有平板电脑，用于查找资料。班级文化的布置中有一部分是和学习内容相关的展板或图片，还有从学校图书馆中借出的书籍。上周老师甚至找了一个真的羊的心脏给学生观察。这节课是为写作做准备的，所以主要由学生自己查找资料。但是通过这些具体实践的过程，我想学生们所学到的内容会远远多于一两节写作课的内容吧？对知识的感悟也是特别深刻的吧？

两节课后我们都与任课老师进行了交流，了解到在学生的培养方面，学校从孩子入学开始就使用大量的不同的学具，按不同程度给学生分小组，并经常对学生的能力进行评估，对困难学生进行个别辅导，给他们提供额外的支持。学生的学习小组不固定，会按教学内容重新组合。学校会通过听课、观察学生作业、数据分析等评估老师。两年半前，曾有 17 名老师因业绩和表现不佳而离职。学生每半个学期会有一次测验，还有学生进步的数据监测。在教师的工作方面，国家规定的教师法定工作时长为每年 1265 小时，但目前严重超标。老师们大约每天要从早上 8：00 工作至下午 5：30 以后，晚上回家后也常常加班，有时学校晚上还要开会。如家长会就是用晚上的时间开，而且是一对一地与家长面谈。因采取包班制，所以老师每天中午的休息时间只有半小时。

学校无教材和课本，有教学大纲，按照每学期两个主题来组织教学。因每一年的课程标准会改变，也强调创意性的课程，所以不会重复上一年的主题。也就是说，每一年老师都要自己重新备课。现在学校采取年级教师小组讨论的形式，由一名教师制定每周课程计划的方式。英国教育标准局对学校的评测是基于在原有的标准上的提高，对老师的要求很高。因此老师都很注重自我培训，以弥补自身的不足。小学教师都是全科老师，有一科是长项，其他科目需要自学。

我们都感觉在英国当老师压力很大、工作量很大，但我们所见到的老师和校长都很积极乐观，也发自内心地爱孩子。参观途中我不止一次地看到老师拥抱孩子或牵着孩子的小手，对孩子说话也很耐心温柔，上课时常常笑容满面。中午午休时看到很多一对一辅导孩子的老师，没有一点疲倦或不耐烦的感觉。有一个老师可能是要保护孩子的隐私吧，和孩子一起躲到一块小展板后面，坐在地上轻声讲解。所以虽然这所学校有许多孩子来自不幸的家庭，如贫困或单亲，甚至是孤儿，但每个孩子友善、开朗、自信、大方。我们在校园里走动时，常常会碰到主动为我们开门并一直顶着门的孩子、为我们收拾餐具的孩子、为我们解说自己作品的孩子以及主动与我们打招呼的孩子。我想，这一定与他们处在学校这样一个充满爱与温暖的环境有关。

午餐前我们与 9 名学校学生会的成员进行了交谈。了解到学校有学生自治组织——学生委员会。从一年级开始每班选举一名成员加入，分成两个小组。一组负责维持纪律、反馈学生意见等，目标为"接纳他人、举止得体、注意安全"。一组为学习小组，会参与听课，为学校提升教学质量提供意见。每组隔周开会，发布会议纪要，成员有特定的徽章，代表荣誉和权力。

午餐后我们马上就去参观校园，观摩了学前班的开放式教学和一、二年级的课程，进一步了解了学校的课程设置和实施的理念和措施。二年级一个班的老师和孩子还热情地为我们展示了他们的学习主题"三只小猪"的故事讲述。校长温莎夫人也让我们翻看了学生的作业，介绍了孩子们在这个主题中要学习的建筑方面的内容及作品。

最后，我们和校长温莎夫人及她的两位助理就"学校课程设置"这个主题进行了座谈。我们了解到课程设置是这所学校最引以为豪且极具创新性的一项成果。学校购买了非政府出版但根据国家课程标准编制的、英国奠基石公司编写的一套教学大纲，开发了许多新的教学方法。学校以主题教学为基本模式，达到激发学习兴趣、发展学习能力、发展创新能力、整合与展示学习成果这四方面的目的。每个教学主题都有提供给家长的手册，以实现家校共育的目标。学校特别关注家庭对孩子的影响，每年的二月和十月会邀请家长到学校进行一对一面谈，告诉家长孩子的学习态度、行为表现、作业情况和社交表现等处在什么水平，提出下一阶段的努力目标。校长温莎夫人认为："与家长发展紧密的、良好的关系是非常重要的。"

一天的学校访问，时间上安排得紧锣密鼓，几乎没有歇息的时间，但收获满满，让人意犹未尽。

四

今天是英国时间 2015 年 1 月 14 日（星期三），天气多云，有雨或雪，偶有阳光但非常寒冷。我们第四小组的校长们继续来到位于莱斯特的公园小学做学校访问。

我们先到学前班听了一节拼读课，是由校长助理萨拉女士亲自上的。教师主要以故事讲述的形式，让孩子学会叙述一句简单的话。课堂上教师语气温柔，不断启发，采用图画、形体动作等，生动形象地引导孩子达成学习目标。我感觉孩子们参与学习的积极性很高，学得很快乐。一位可爱的小姑娘腼腆地对着我们微笑，让我们备感温暖。昨天见到的拉着一台吸氧机的孩子就在这个班上，专门有一名助教在照顾他。其他孩子也没有将他视为异类，在一起交流很愉快、正常。昨天还听校长温莎夫人介绍了学校帮助贫困及单亲家庭孩子的计划以及政府资助贫困学生享受免费午餐计划。感觉英国政府提出的"每位孩子都重要"不仅仅是一句口号，而是真正落实到了行动当中，为社会公民提供了扎扎实实的帮助，带给大家安全感和社会的归属感，也体现了整个英国社会对公平正义的追求已经成了全体社会成员的普适价值。

返回会议室的途中，我们经过了小礼堂，欣赏了几个可爱的孩子演唱的两首歌曲。这些孩子都是附近教堂唱诗班的成员，课余会到教堂学习演唱和表演，这对他们而言是莫大的荣幸。为他们进行钢琴伴奏的就是教堂的神父，也是他们的音乐指导老师。孩子们优美的歌声深深打动了我们和在场的师生，也让我更加深刻地意识到建设"开放校园"的必要性和紧迫性。如果我们能以开放的胸怀办教育，打开校门，将会得到更多的资源和帮助，孩子们的学习平台将更加广阔，学习内容将更加丰富且能够满足不同个体的需要。

接着我们与学校里的两位新入职的教师进行了交流，了解到她们所面临的最大挑战是"如何适应新的课程标准"，最大的困难是她们班上的学生多于英国普通学校的标准人数，达到36～38人。教师要不断地为每个孩子制订发展计划，每天工作量很大，很辛苦。但因为是热爱教师工作才选择了这个职业（其中一个小女孩来自教师世家，家人在国外生活，但非常支持她选择教师职业），所以很投入。她们都很喜欢学校购买的教学参考书，也经常参加学校组织的新教师培训，昨天刚去学区内的另一所学校学习"如何分组教学"和"如何使用数据做分析"。在交谈的过程中，我们还认识了学校里负责特殊儿童教育的部门主管。她小时候曾经是一名有读写障碍的困难学生，由于获得了学校的支持以及教育专家的持续帮助，最终读完大学，成为学校里的部门主管，专门负责有特殊教育需求学生的助教的管理，领导一个团队针对学生行为、社交和情感困难等方面提供额外支持。她的成长经历及成长结果，体现了"每位孩子都重要"这一教育理念所带来的五个结果：健康；安全；快乐、成功；做出积极贡献；得到经济保障。同时也表明，除了教学，学校还发挥了更大的作用，确保每个孩子都享受到教育的益处，并协调所有的服务部门，使得每个孩子都得到所需的帮助和支持，不断进步。

接下来我们进行了校长访谈，了解到：第一，校长最重要的工作是负责学校计划的制定以及学校的发展策略，有专业的管理团队负责落实日常管理。管理团队中有三名校长助理，她们也是老师们的榜样，要承担公开课和指导教师发展的任务，每周上两至三天的课，余下时间处理学校日常事务，校长不在学校时负责管理学校，并与家长保持联系。第二，学校对教师培训非常重视，对不同的教师有不同的期望值，也有不同的评级。由校长和助理们一起制定标准，定期考核评测。对校长的评测由信托会主席和校董会中经过专业训练的成员来完成。第三，教职工的加薪程序是：由校长向校董会汇报，校董会决定是否加薪。不加薪的老师有上诉的权利。每位教师隶属于不同的工会。不同级别教师的薪酬差距很大，新教师年薪约 2.2 万英镑，中层管理团队成员 4.5 万英镑起，校长 6 万～7 万英镑。学校资金按学生数和学校面积由政府拨款，85％用于支付教师薪酬。所有的教师职位要公开招聘，聘用人员要得到信托会和校董会的许可。第四，学校对中层以上干部的评测与教师大体相同。但她们若要有进一步的提升和发展，则需要经过十八个月至两年左右的学习，内容涵盖六个主要领导领域研究：领导教学；开创未来；发展自我，并与他人共同工作；制定编制；建立问责制；通过合作促进社区发展。学习结束后考取国家职业资格——全国校长专业资格证书。交流中我们感受到校长温莎夫人是一位心胸开阔、豁达善良的好校长，她希望能用 4～5 年时间，将她的管理团队中的几位校长助理培养成领导人才，到别的学校担任校长。

因为我们对英国学校的校董会很感兴趣，所以学校特意安排我们和学院信托会校董会主席安德鲁·芒罗先生进行交流并共进午餐。主席先生担任校董会成员多年，有丰富的工作经验，而且曾在不同学校的校董会工作，对学校的运作情况非常了解。他认为学校的校董会要对学校的发展负最大的责任，学校办不好就是校董会失职。校董会成员是自愿担任，无薪酬，在当地社区居民和家长中产生，是学校与社区的纽带。但他们普遍认为在担任校董期间自己个人也可以得到提升，还可以承担社会责任，所以很有意义。公园小学目前有 9 名校董会成员，他们是：3 名家长代表、1 名教师代表、1 名职员代表、3 名社区代表和 1 名学校领导代表。每名校董任期四年，可连任。主席每年要通过选举确定，信托会对校董有任免权。主席与校长既是朋友也是监管的关系，要确保校长的工作对学校有贡献。校董会的工作是对国家负责，但因来自社区，实际又要对社区负责，要确保社区儿童在学校获得的进步和发展对他们今后的人生发展有利。校董会运作不良时可解散重建，成员也可替换。其核心职责是：第一，保证学校对未来有清晰的计划；第二，保证校长的领导对办学质量的提高有帮助；第三，监督学校的财务。校董会会分成不同的专题小组，如资金、健康与安全、教育标准等，每年召开三至四次会议。当英国国家教育标准局对学校进行评测时，会询问校董会四个问题：你对学校有多了解？学校的优势和劣势是什么？你是如何得知的？应该如何改善学校的不足？校董会若失职，则对学校的评级有影响。

短暂的午休在愉快的交流中过去。在校长温莎夫人的陪同下，我们又观摩了专门针对贫困家庭学生而开设的健康饮食讲座，体会到学校和政府对这部分的孩子的关心和爱护是多么细致入微。为了孩子们能学会自我保护，能有更加安全健康的生存环境，学校每周两次为这些父母无法照顾到的孩子开设专题讲座，由营养专家教给孩子们健康饮食的方法，而且全程保护孩子隐私，不会公开宣传。中午用餐时，我们也观察到，享受免费午餐计划的孩子和普通孩子一起用餐，没有特殊标记或座位。除老师外，其他人无法分辨也不会给任何孩子带来心理压力。另外，每个孩子无论年龄大小，用餐时都非常安静优雅，用完餐后自觉清理桌面，把餐具送到指定地点，交给学生义工处理。两名学生义工动作熟练地处理餐具，可见不是偶尔客串一下，而是经常从事这项工作。

　　下午我们主要是和校长温莎夫人及其管理团队做交流，了解"英国学校如何运用数据对学生及教师进行评价"。我们手上拿到了大量的材料，也请温莎夫人打开电脑进入学校的数据管理系统。可惜我们的英语水平太低，许多材料和数据都看不懂，翻译也不是教育管理专业，所以我们听得有些吃力。但总体还是了解到一些情况的，如"学前阶段如何评估学生"这个问题。专门负责学前部的校长助理萨拉女士就为我们展示了学生的成长记录和作业，让我们清楚了解到：虽然学生刚入学的年龄差距较大，有些刚满 4 岁，有些已超过 5 岁，但学校会对每一个新入学儿童做初步评估，主要从几个方面观察：个人社交及情绪发展，健康（行动力等），交际能力，认知能力，艺术设计等。每一个学生都有一本能力发展手册，每一天教师都会记录学生的发展。每节课会根据学生的水平分成不同的教学小组，还有特别小组，由教师介入进行个别辅导。每半个学期会做每个学生的能力监测，学校设有目标追踪表，会评测是否达标。总之是要保证每一个学生都能不断获得进步与发展。校长温莎夫人还特意和我们分享了"如何运用数据分析准确找出学校的优势和劣势"这方面的心得和体会，让我们深刻地感受到英国教育工作者的专业水准的确比我们高很多。他们开展的教育教学活动都是基于对教育本质和规律的理解和把握，也都是在现代教育理论和方法的支持下进行的，所以成效显著。同时也验证了英国的国家《教师标准》中"教师应具备较高的知识素养，并保证他们已有的专业知识、专业技能可以始终处于与时俱进和自我批评的状态"这一要求的真实性。一位八年前曾经考察过英国基础教育的校长很感慨地说，对比八年前，英国的基础教育又有了很大的变化。我想，这种变化正是支撑英国国家发展的基础和动力。我们常说："教育是国家发展的基石。"教育不先进，国家又谈什么"可持续发展"，又凭什么能够"可持续发展"呢？

我和美国教育的一次亲密接触

——中美中小学校长教育领导能力发展学习与交流考察报告

2012年10月23日，我们"广州市中小学优秀校长培养工程"第四批中小学优秀校长培养对象在广州市教育局及各自所在区委区政府的关心和支持下，在华南师范大学基础教育培训与研究院吴颖民院长、王红副院长和各位老师的精心组织下，由王红副院长亲自率领，经过三十多个小时的长徒跋涉，来到了位于美国东南部田纳西州的美丽的纳什维尔市。我们此行是参加"中美中小学校长教育领导能力发展学习与交流"项目，学习时间为三周。前两周在纳什维尔的范德堡大学皮博迪教育与人类发展学院学习，活动包括专家讲座、学校参观、中美中小学校长论坛、"影子校长"、文化考察、与当地社区活动（与美国当地社会名流、旅美华人、美国家长、美国普通民众面对面沟通与交流，以及到美国校长家家访等）；后一周则是文化考察，包括参观普林斯顿大学等。短短的21天，却让我再一次地意识到：古人所说的"读万卷书不如行万里路"，诚不我欺！

在美国的21天里看到的、听到的、想到的很多，因为时间的限制，现简要的总结一些令我感触最深的方面。

一、"为了每个孩子的需要都能得到满足"的美国教育

"为了每个孩子的需要都能得到满足"这句话是我们在美国参加中美校长论坛时结识的一位美国老师(Mr. Glancy)写给我的一封信中的一句话[①]。而这句话也是我在美国期间无数次从美国同行那儿听到的一句话。那么美国的教育者乃至于整个美国社会是如何将这样一句话转化为教育理念并付诸行动的呢?

(一)全纳教育

全纳教育的理想目标是通过为有障碍和无障碍的学生建立学习型社区,使所有学生可以在适龄的普通教育场所接受相同的教育。经过近30年的努力,美国的全纳教育已经从一种教育理念发展为波及全美中小学的教育改革运动。1999—2000学年,美国已有95.9%的障碍学生在普通教育情境中接受教育。今天,大多数美国公众和教育工作者都接受了这样一种教育评价标准:一所学校应该能在同一教育场所提供同时满足所有学生(有障碍和无障碍学生)需要的教育服务。

我在茱莉亚格林小学(Julia Green Elementary School)做"影子校长"时听了一节音乐课。一位音乐老师负责教授全班的孩子。班上有个小女孩是一个脑瘫儿,站不稳需要人照顾,由政府出资聘请了一位专门照顾这个小女孩的助教。一个穿橙色衣服的小男孩是一名正常儿童,被老师指派来帮助这个小女孩。由始至终,他非常有耐心,没有一点儿不愿意。在学校期间我们了解到:美国政府规定,凡是在这些有需要的孩子上学期间,会由政府出资为他们聘请专职助教,以便能和其他孩子一起享受正常的学校教育。我做"影子校长"的另一所小学(Old Center)全校有320个学生,教职工有82人,其中教师有40名,还有42名助教等教辅人员。

---

① 原文为"I am filled with joy to know that educators around the world are working to reach every child they touch by meeting their individual needs"。

黄埔区教育局张灿华局长曾在今年8月28日的区教育工作会议上和我们分享了日本明治时代女诗人金子美玲的小诗《我和小鸟和铃铛》，并提出了"大家不同，大家都好"的教育主张。我非常赞同，我认为这是我们的教育真正走向尊重个体、尊重生命、走向公平的具体表现，也符合党的十八大提出的自由、平等、公正、法治的社会核心价值观以及"让每个孩子都能成为有用之才"的奋斗目标。美国前总统奥巴马说："这个世界会依据一个国家如何对待儿童而对它做出评判。"每一个孩子都是一个独特的生命个体，他的成长，取决于和他接触的家长和老师给他营造的、直接包围着他的"教育小环境"。这个小环境的生态状况，才是真正影响孩子成长的决定性因素。最近在一篇文章里看到这样一句话："她愿意给人温暖，是因为她曾被别人温暖对待过。"美国的全纳教育带给人们的不仅仅是对有障碍儿童的关爱，也是给全体社会成员的温暖和安心。为什么说是安心呢？我们做教育的都知道著名心理学家马斯洛的"需要层次论"，也知道对安全的需求是人类最基本的需求。关心弱者，帮助弱者，不但是一个文明社会应有的表现，更重要的是向全体社会成员发布一个这样的信息：无论如何，政府和社会都不会抛弃你。这样的社会才是安全的，才是全体社会成员愿意为之奋斗，为之努力的。

(二)英才教育

英才教育就是对天赋儿童的教育，是面向那些能力超常（gifted）或特殊能力超常（talented）少年儿童的教育。美国既为那些被一般学校淘汰的学生设立特殊的学校，也在全国50个州立法为2%~5%的高IQ孩子提供"天赋教育"。这种教育的目标在于培养"智慧的学生"而不仅仅是"聪明的孩子"。美国学者贾尼丝·萨博把培养"聪明的孩子"还是培养"智慧的学生"概括为两种教育。

表 附2-1 两种教育

聪明的孩子	智慧的学生
能够知道答案	能够提出问题
带着兴趣去听	表达有力的观点
能理解别人的意思	能概括抽象的东西
能抓住要领	能演绎推理
完成作业	寻找课题
乐于接受	长于出击
吸收知识	运用知识
善于操作	善于发明
长于记忆	长于猜想
喜欢自己学习	善于反思、反省

美国人认为，人在未来"进一步学习和发展的根本"不在于知识体系，而在于一个人的学习兴趣、好奇心、质疑能力、探究能力等"能力体系"。从以上的对比中我们不难发现，美国教育要培养的是智慧的学生。

(三)学前教育

在培训的过程中，我们参观苏珊格雷幼儿园（The Susan Gray School）时，看到两个孩子在老师的帮助下捉蚯蚓。不是捉来玩，而是为了认识蚯蚓这种生物，认识这个世界。还看到孩子和老师一起玩，躺在地毯上依偎在老师身旁听老师讲故事。美国的小学常常附设幼儿园，因此我还参观了几所幼儿园。在这些幼儿园中，我没有发现有识字、计算等课程，孩子们基本上都是在玩。我想这才符合儿童成长的规律——先认识这个世界并对生活有一个整体认知，然后才有探索这个世界的动机和欲望。美国教育家杜威曾提出"教育即生活"的大教育理论，认为学校教育的内容要与社会生活相结合，与儿童的生活相结合，教育要直接参与儿童的生长过程，体现生活、生长和发展的价值。美国的学前教育给我们的启示就是：教育与生活本来就是一个有机的整体，脱离教育的生活是愚昧的，脱离了生活的教育是苍白的、无趣的、低效的。美国教育尊重儿童的成长规律，注重孩子们的学习兴趣，注重每个孩子的性格、习惯、喜好，鼓励孩子的一切想象和创造能力，最终达到促进人的社会化的目标。

二、政府、家庭、学校、社区各尽其责，为孩子们打造出先进的"学习共同体"

美国的家校合作一开始是单纯控制型的关系，近年来却逐步转向了合作型。在约翰早期博物馆中学(Jone Early Museum Middle School)考察期间，我们和该校的部分家校联盟的成员进行了座谈，认识了一位当地博物馆的工作人员。我们了解到因为这所学校以博物馆研究为特色课程，所以他会定期来学校指导。美国学者通过大量的研究数据得到一个结论：强有力的学校家庭关系是优秀教育的基石。茱莉亚格林小学的校长认为：我们的家长热情参与并鼎力支持学校发展，这也成为我们成功的关键。该校家长教师联合会(Parent-Teacher Association)每月都召集会议，并且学校的每个议会上都有家长的身影。市学区总部有专门负责家校建设的部门。它的研究方向是社区如何帮助、支持学校教育，目的是帮助每一个学生进步，手段是建立学习共同体。主要措施有：建立家长学校；与社区建立良好的合作关系；拥有网络数据系统，家长可直接登录了解学生的学习情况；全区有数据库，可诊断学生的情况，看是否需要帮助或与家长沟通；训练学校教师如何与家长交流；与当地电视台建立联系(如西班牙语电视台)；与当地的不同机构合作，如通过教堂集会发布信息；学区的社工培训等。

美国有针对弱势群体的各种教育帮扶中心。我曾经考察了美国的一个绿洲青年中心。该中心由政府出资举办，目的在于帮助弱势群体孩子和纠正问题青少年，并为他们的择业和就业提供指导和帮助。党的十八大报告提出"提高家庭经济困难学生资助水平，积极推动农民工子女平等接受教育"逐步建立以权利公平、机会公平、规则公平为主要内容的社会保障体系，努力营造公平的社会环境，保证人民平等参与、平等发展权利。美国的绿洲青年中心的做法值得我们借鉴。

职业展专门为九年级（高一）学生而设。这个活动旨在让学生了解教育和人生的相关性，并认识各职业的工作概况与技能需求，使学生对于今后的职业选择能有基本而广泛的认知，并为往后的人生发展出必要的自我充实技能。

其实教育应该是一种影响人的身心发展的社会活动，学习的空间应该是一切可能发生学习活动的地方。中国现代杰出的人民教育家陶行知先生提出了"生活即教育"的教育理论，认为教育要通过生活才能发生力量而成为真正的教育。美国的教育理念与此也有异曲同工之妙。

由此，我产生了对今后工作的一个思考：儿童的主要学习特点是观察和模仿，其样本主要来自学校、家庭和社会，因而建构一个学校、家庭、社会相互支持与配合的"学习共同体"于孩子而言非常重要。最近我所在的学校在做圣诞派队和庆祝新年的游戏节活动。我们学习美国的做法，召开了家长委员会和班主任的联合会议，讨论活动的方案，招募家长志愿者。活动效果很好，家长热情参与，课室里的许多文化氛围都是家长出主意或亲自参与布置。我们会在接下来的游戏节期间，邀请更多家长来参与。用一句时尚的话说："一起来，更精彩！"

在美国期间，我们还与各方人士进行了交流，得到了如下的一些信息。

退休校长凯认为，美国教育非常重视两个增长：一是每个孩子都有增长；二是弱势群体的孩子与富人孩子的对比增长。多样化的学生，就有多样化的需求。要使所有的学生都能接受适合于自身发展的教育。这是美国的教育工作者对教育价值的理解。

皮博迪教育与人类发展学院领导政策与组织系主任埃伦女士认为，要把弱势群体的孩子带动起来，使其通过教育得到转变和发展。否则未来社会将承担巨大的人力资源耗损。这是美国的学者对教育价值的理解。

纳什维尔市市长先生认为，教育是最重要的一项工作，是城市建设最重要的环节。只有把教育做好了，才有可能做好其他工作。教育投入占全市财政收入的50%，是市财政最重要的投入。要让所有的学生都得到高质量的教育。这是美国的政府官员对教育价值的理解。

苏珊格雷的家长认为，要建立支持、沟通和成为孩子们人生向导的系统，让孩子从小学会对所有的人尊敬、友好。爱心是无价的，让孩子知道自己有多幸运；孩子智力和情感的发育都要健全。这是美国的家长对教育价值的理解。

综合以上的信息，我产生了如下的思考。第一，孩子与孩子之间是存在差异的，不可能所有的孩子都适用于一个统一的标准。我们要承认差异，尊重差异，还给孩子个性发展的空间和体验成功的机会。第二，对于社会弱势群体的孩子，我们要从制度层面上去特意照顾和鼓励，从而使整个社会的学习与教育平等、均衡。